مركز القانون العربي والإسلامي
Centre de droit arabe et musulman
Zentrum für arabisches und islamisches Recht
Centro di diritto arabo e musulmano
Centre of Arab and Islamic Law

Comparaison entre les normes suisses et les normes musulmanes

Sami A. Aldeeb Abu-Sahlieh

Ce livre peut être acquis auprès de
www.amazon.com
2018

Le Centre de droit arabe et musulman
Fondé en mai 2009, le Centre de droit arabe et musulman offre des consultations juridiques, des conférences, des traductions, des recherches et des cours concernant le droit arabe et musulman, et les relations entre les musulmans et l'Occident. D'autre part, il permet de télécharger gratuitement du site www.sami-aldeeb.com un bon nombre d'écrits.

L'auteur
Sami A. Aldeeb Abu-Sahlieh: Chrétien d'origine palestinienne. Citoyen suisse. Docteur en droit. Habilité à diriger des recherches (HDR). Professeur des universités (CNU-France). Responsable du droit arabe et musulman à l'Institut suisse de droit comparé (1980-2009). Professeur invité dans différentes universités en France, en Italie et en Suisse. Directeur du Centre de droit arabe et musulman. Auteur de nombreux ouvrages dont une traduction française, italienne et anglaise du Coran.

Éditions
Centre de droit arabe et musulman
Ochettaz 17
Ch-1025 St-Sulpice
Tél. fixe: 0041 [0]21 6916585
Tél. portable: 0041 [0]78 9246196
Site: www.sami-aldeeb.com
Email: sami.aldeeb@yahoo.fr
© Tous droits réservés

Table des matières

Table des matières 3
Introduction 7
Chapitre I Rapports avec l'État 9
    1) Loi humaine versus loi divine 9
    2) Territorialité versus personnalité des lois et des juridictions 11
    3) Nationalité et allégeance religieuse 12
    4) Division à l'intérieur de la Terre d'islam 13
    5) Terre d'islam et Terre de mécréance 16
Chapitre II Le statut personnel: droit de la famille et des successions. 19
    1) Célébration du mariage 19
    2) Empêchement religieux au mariage 20
    3) Mariage de jouissance (temporaire) 21
    4) Polygamie 22
    5) Âge du mariage 23
    6) Consentement au mariage 24
    7) Violence et viol dans le couple 24
    8) Dissolution du mariage 25
    9) Relations entre parents et enfants 26
    10) Droit successoral 28
Chapitre III Droit pénal et châtiments cruels 31
Chapitre IV Liberté individuelle et esclavage 33
Chapitre V Liberté de religion 35
    1) Liberté d'adhérer 35
    2) Marquage religieux 36
    3) Liberté d'expression 37
    4) Liberté d'expression artistique 39
    5) Prières et jeûne de Ramadan 40
    6) Lieux de culte et personnel religieux 41
Chapitre VI École et religion 43
    1) Enseignement religieux 43
    2) Signes religieux distinctifs 45
    3) Mixité 46
    4) Contenu des cours 47

Chapitre VII Interdits alimentaires et abatage rituel 49
    1) Droits des animaux 49
    2) Interdits alimentaires 51
    3) Abattage rituel 53

Chapitre VIII Cimetières 57
    1) Séparation des morts 57
    2) Direction de la tombe 58
    3) Permanence des tombes 59
    4) Incinération 60

Chapitre IX Réponses aux revendications musulmanes 63
    1) Réponses des libéraux musulmans 63
    2) Réponses attendues des Occidentaux 65

Annexe Modèle de contrat de mariage 71

L'hostilité à l'égard des musulmans provient toujours de l'idée qu'une fois qu'ils seront suffisamment nombreux, ils ne vont plus obéir au droit commun et l'on va se retrouver avec deux communautés, vivant l'une à côté de l'autre, avec leurs propres droits, avec leurs propres tribunaux. Et la situation va devenir inextricable d'abord et puis conflictuelle comme en Israël ou au Liban.
Neirynck, Professeur honoraire et ex-conseiller national

Le laïc [musulman] qui refuse le principe de l'application du droit musulman n'a de l'islam que le nom. Il est un apostat sans aucun doute. Il doit être invité à se repentir, en lui exposant, preuves à l'appui, les points dont il doute. S'il ne se repent pas, il est jugé comme apostat, privé de son appartenance à l'islam [...], il est séparé de sa femme et de ses enfants, et on lui applique les normes relatives aux apostats récalcitrants, dans cette vie et après sa mort.
Al-Qaradawi, Président du Conseil Européen de la Fatwa et de la Recherche

Introduction

Ce petit exposé compare les normes suisses aux normes musulmanes. Il est mis gratuitement, en version pdf, à la disposition des autorités, des milieux religieux et académiques, de la presse et du public en général. Il peut aussi être commandé en version papier auprès d'Amazon.

L'islam couvre tous les domaines de la vie:
1) Les rapports entre l'homme et Dieu dans les aspects cultuels et dans les questions de foi
2) Les rapports avec l'État
3) Les rapports entre les gens
4) Les rapports entre les États

Le premier point relève de la foi personnelle. Je ne m'intéresserai qu'aux autres points à caractère normatif qui interfèrent avec des domaines régis par les lois suisses.

Les normes musulmanes exposées ici sont des normes impératives dictées par les textes fondateurs de l'islam. Certaines sont appliquées, d'autres semblent disparues, mais ne font qu'attendre le moment propice, comme cela est arrivé sous Daesh qui a réactivé l'enlèvement des femmes, le marché aux esclaves, la *jizyah*, la destruction des statues et autres pratiques qu'on espérait abolies à tout jamais. Le Coran lui-même (H-89/3:28-29) prescrit la dissimulation, qui consiste à dire et à faire une chose sans y adhérer intérieurement, jusqu'à ce que la situation change en faveur des musulmans.

Cet exposé se veut concis, simple, à la portée de tous. Pour plus de détails, les lecteurs intéressés peuvent se référer à mes ouvrages (https://goo.gl/phXkBB), notamment: *Les musulmans en Occident entre droits et devoirs* (https://goo.gl/Re52Qu) et *Avenir des musulmans en Occidents* (https://goo.gl/C8bCr4). Je me tiens aussi à leur disposition pour d'éventuelles clarifications et complément d'information.

J'espère que ce travail permettra une meilleure entente entre les différentes communautés sur la base de la connaissance mutuelle et la franchise. Je remercie tous ceux qui l'ont lu et corrigé, mais je reste le seul responsable des opinions qui y sont exprimées.

Sami A. Aldeeb Abu-Sahlieh
sami.aldeeb@yahoo.fr

Chapitre I
Rapports avec l'État

1) Loi humaine versus loi divine

Normes suisses

La loi est une émanation du peuple et une expression de sa souveraineté. Elle subit périodiquement des modifications et des ajournements en fonction des besoins de la société, selon des procédés démocratiques établis et acceptés par le peuple, directement ou indirectement.

Normes musulmanes

Le terme *islam* signifie la soumission, c-à-d. à la volonté de Dieu telle qu'exprimée dans le Coran et la Sunnah de Mahomet, les deux sources principales du droit musulman. Le Coran[1] dit:

> La parole des croyants, lorsqu'on les appelle vers Dieu et son envoyé, pour qu'il juge parmi eux, était seulement de dire: "Nous avons écouté et avons obéi". Ceux-là sont ceux qui réussissent (H-102/24:51).

> Quiconque ne juge pas d'après ce que Dieu a fait descendre, ceux-là sont les mécréants.… Quiconque ne juge pas d'après ce que Dieu a fait descendre, ceux-là sont les oppresseurs … Quiconque ne juge pas d'après ce que Dieu a fait descendre, ceux-là sont les pervers (H-112/5:44, 45 et 47).

Le professeur égyptien Khallaf (d. 1956) écrit:

> Les savants religieux musulmans reconnaissent unanimement que le Législateur suprême est Dieu. C'est lui qui est la source des prescriptions, qu'elles soient énoncées explicitement dans les textes révélés à ses prophètes et, notamment à Mahomet, ou que les savants religieux les en extraient ou les en déduisent par analogie.

La Déclaration islamique universelle des droits de l'homme dit:

---

[1] Nous utiliserons dans cet ouvrage notre propre traduction du Coran par ordre chronologique (https://goo.gl/wIXhhN), en faisant usage de deux numérotations: le premier numéro renvoie à l'ordre chronologique du Coran, et le deuxième à l'ordre conventionnel. Ces deux numéros sont suivis du numéro du verset, et précédés d'un H (Hégire) pour les versets médinois, et d'un M pour les versets mecquois.

L'intelligence humaine est incapable d'élaborer la voie la meilleure en vue d'assurer le service de la vie, sans que Dieu ne la guide et ne lui en assure révélation.

La position musulmane susmentionnée a pour corollaire l'absence du concept de la souveraineté du peuple chez les musulmans, concept clé pour toute démocratie. Le Coran dit, concernant la majorité:

Si tu obéis à la plupart de ceux qui sont sur la terre, ils t'égareront de la voie de Dieu. Ils ne suivent que la présomption et ne font que conjecturer (M-55/6:116).

Le droit musulman est à appliquer intégralement. Le Coran affirme à cet égard:

Croyez-vous donc en une partie du livre, et mécroyez-vous en une partie? La rétribution de ceux parmi vous qui font cela ne sera que l'ignominie dans la vie ici-bas, et au jour de la résurrection ils seront ramenés au châtiment le plus fort. Dieu n'est pas inattentif à ce que vous faites (H-87/2:85).

On remarquera ici que le Coran, selon la tradition musulmane, a été révélé entre les années 610-622 (période mecquoise) et les années 622-632 (période médinoise). Alors que la partie mecquoise est non normative, plus ou moins pacifique et tolérante, la partie médinoise compte des versets normatifs, instituant le jihad, l'inégalité entre l'homme et la femme, l'inégalité entre les croyants et les non-croyants et les sanctions pénales. Selon le droit musulman, ce sont les versets postérieurs qui abrogent les versets antérieurs. Un réformateur soudanais a proposé le sens contraire comme solution aux problèmes posés par la partie médinoise, mais il fut pendu en 1985 sur instigation de l'Azhar, des Frères musulmans et de l'Arabie saoudite (voir notre ouvrage: Mahmud Muhammad Taha entre le Coran mecquois et le Coran médinois https://goo.gl/unhdhc).

Les normes islamiques peuvent être mises en sourdine, pour des raisons de conjoncture politique, mais elles ne sauraient être abrogées. En cas de faiblesse, les musulmanes se réfèrent aux versets mecquois afin de prouver le caractère pacifique et acceptable de l'islam à leurs adversaires. Mais lorsqu'ils sont en état de force, ils ressortent les versets médinois (voir notre ouvrage: Alliance, désaveu et dissimulation https://goo.gl/RzzS62). Le Coran dit à cet effet:

Que les croyants ne prennent pas les mécréants pour alliés hors des croyants. Quiconque fait cela, n'est pas [des alliés] de Dieu, à moins que vous ne les craigniez. Dieu vous prémunit de [son châtiment]. C'est vers Dieu la destination (H-89/3:28).

Ne faiblissez donc pas et n'appelez pas à la paix, alors que vous êtes les plus élevés et que Dieu est avec vous. Il ne dépréciera pas vos œuvres (H-95/47:35).

2) Territorialité versus personnalité des lois et des juridictions

Normes suisses

Le système juridique et judiciaire suisse tant fédéral que cantonal est basé sur le principe de la territorialité et de la nationalité. On ne tient pas compte de la religion des personnes, ceci ayant été aboli déjà par la constitution de 1874, notamment à son article 49 al. 4 qui dit: "L'exercice des droits civils ou politiques ne peut être restreint par des prescriptions ou des conditions de nature ecclésiastique ou religieuse, quelles qu'elles soient" et à l'article 58 al. 2 qui dit: "La juridiction ecclésiastique est abolie".

Ces normes sont devenues évidentes au point que la Constitution de 2000 n'a pas jugé utile de les mentionner. En vertu de ces normes, toute personne, quelle que soit sa religion, est soumise à la même loi et au même tribunal. Nous verrons les implications de ces principes dans les développements qui suivent.

Normes musulmanes

Le Coran établit le système dit de la personnalité des lois et des juridictions, sur la base de la religion en vertu des versets H-112/5:44-48:

> Nous avons fait descendre la Torah dans laquelle il y a direction et lumière. D'après elle, les prophètes qui se sont soumis [à Dieu], ainsi que les rabbins et les docteurs jugent [les affaires] des juifs [...]. Ceux qui ne jugent pas d'après ce que Dieu a fait descendre, ceux-là sont les mécréants [...]. Ensuite, sur leurs traces, nous avons fait suivre Jésus, fils de Marie, confirmant ce qui est devant lui de la Torah. Nous lui avons donné l'Évangile, où il y a direction et lumière, confirmant ce qui est devant lui de la Torah, une direction et une exhortation pour ceux qui craignent [Dieu]. Que les gens de l'Évangile jugent d'après ce que Dieu y a fait descendre. Ceux qui ne jugent pas d'après ce que Dieu a fait descendre, ceux-là sont les pervers.

Selon ce système, les juifs et les chrétiens ont leurs tribunaux et leurs lois. Ces dernières étaient forcément divergentes, et les conflits entre les tribunaux et les lois communautaires étaient réglés en faveur de la loi musulmane. Ainsi, le musulman peut épouser une chrétienne ou une juive, mais le chrétien et le juif sont interdits d'épouser une femme musulmane. Les enfants issus d'un mariage mixte entre un musulman et une chrétienne ou une juive sont nécessairement musulmans. En matière d'héritage, le droit musulman interdit la succession entre les gens appartenant à différentes communautés religieuses. Ainsi, la femme chrétienne ou juive n'hérite pas de son mari musulman défunt ou de ses enfants, et vice-versa.

Ce système juridique multiconfessionnel persiste encore aujourd'hui dans certains pays arabes avec plus ou moins d'étendue, mais la tendance va vers l'unification. Ainsi en Jordanie ou en Syrie, les communautés religieuses non-musulmanes appliquent leurs lois religieuses en matière de statut personnel et ont leurs propres tribunaux religieux, alors que l'Égypte a supprimé les tribunaux religieux tout en maintenant les lois des différentes communautés.

3) Nationalité et allégeance religieuse

Normes suisses

La Constitution de 2000 dit à son article 1er que le peuple suisse et les cantons … forment la Confédération suisse. L'article 2 al. 1 ajoute que la Confédération protège la liberté et les droits du peuple et elle assure l'indépendance et la sécurité du pays. L'article 4 signale que les langues nationales sont l'allemand, le français, l'italien et le romanche. L'article 72 affirme que la réglementation des rapports entre l'Église et l'État est du ressort des cantons (al. 1), et dans les limites de leurs compétences respectives, la Confédération et les cantons peuvent prendre des mesures propres à maintenir la paix entre les membres des diverses communautés religieuses (al. 2).

Malgré les diverses appartenances linguistiques et religieuses de la population et des cantons suisses, tous les citoyens sont censés n'avoir qu'une seule allégeance, envers leur pays commun. On signalera que la Suisse a rompu ses relations avec le Vatican en 1873, en raison du dogme de l'infaillibilité du pape, et, une année plus tard, elle a adopté la Constitution de 1874 qui consolidait l'unité nationale et affirmait son indépendance à travers des normes visant à séparer l'État de la religion et à garantir les libertés individuelles. Cette constitution comportait des articles d'exception visant à sevrer toute allégeance de la communauté catholique envers une autorité religieuse externe, et garantissait l'égalité devant la loi de tous les citoyens (article 4), quelle que soit leur appartenance linguistique ou religieuse, même si des affinités culturelles ou religieuses peuvent exister entre les différentes composantes de la population. Ce principe de l'égalité est confirmé par l'article 8 de la Constitution de 2000, égalité étendue à tous les êtres humains.

Normes musulmanes

Dans l'islam, l'appartenance religieuse est au-dessus de l'appartenance tribale ou nationale. Même si nous nous trouvons en face d'États nations, le droit musulman fait une division à l'intérieur de la Terre d'islam et une autre division entre la Terre de mécréance, dite aussi Terre de guerre.

4) Division à l'intérieur de la Terre d'islam

Les citoyens des pays musulmans sont divisés en différents groupes qui ne bénéficient pas des mêmes droits, même lorsque leurs constitutions affirment le contraire. Quasiment toutes ces constitutions considèrent l'islam comme la religion de l'État. Voyons ici ces groupes.

A) Musulmans

Le Coran dit que "Les croyants sont des frères" (H-106/49:10). Toute personne qui se convertit à l'islam appartient à la nation musulmane (*Ummah*) que le Coran qualifie comme "la meilleure nation sortie pour les humains" (H-89/3:110). Les musulmans sont convaincus qu'un jour toute l'humanité deviendra musulmane.

Face aux musulmans, il y a les mécréants classés selon leur degré de mécréance en Gens du Livre, apostats et polythéistes.

B) Gens du Livre

Le statut juridique des non-musulmans est réglé principalement par trois versets:

> Combattez ceux qui ne croient ni en Dieu ni au jour dernier, qui n'interdisent pas ce que Dieu et son envoyé ont interdit, et ne professent pas la religion de la vérité, parmi ceux auxquels le livre fut donné, jusqu'à ce qu'ils donnent le tribut par une main, et en état de mépris (H-113/9:29).

> Ceux qui ont cru, les juifs, les nazaréens, et les sabéens, quiconque a cru [parmi eux] en Dieu et au jour dernier, et a fait une bonne œuvre, auront leur récompense auprès de leur Seigneur, nulle crainte pour eux, et ils ne seront point attristés (H-87/2:62).

> Ceux qui ont cru, les juifs, les sabéens, et les nazaréens, quiconque [parmi eux] a cru en Dieu et au jour dernier et a fait une bonne œuvre, nulle crainte pour eux, et ils ne seront point attristés (H-112/5:69).

Les légistes classiques ont déduit de ces versets que les Gens du Livre: les juifs, les chrétiens, les sabéens et les zoroastriens (mages), auxquels on ajouta les samaritains, ont le droit de vivre au sein de l'État musulman malgré les divergences théologiques qui les séparent des musulmans. Certes, on ne désespère pas de les voir un jour devenir musulmans, mais le Coran rejette le recours à la contrainte directe pour les convertir: "Nulle contrainte dans la religion" (H-87/2:256). La cohabitation entre musulmans et Gens du Livre se fait cependant, non pas d'égal à égal, mais de dominant à dominé, les Gens du Livre devant s'acquitter d'un tribut (*jizyah*), en état de mépris (H-113/9:29), et se soumettre à certaines normes discriminatoires, notamment en matière de droit de famille. Ainsi par exemple les musulmans pourront prendre les femmes des Gens du Livre, mais ceux-ci ne pourront pas prendre les femmes des musulmans (H-87/2:221; H-112/5:5; H-91/60:10). Ils sont appelés les *dhimmis*, les protégés des musulmans, mais ces derniers devront observer à leur égard une méfiance constante, même s'ils avaient avec eux des liens de parenté:

> Ô vous qui avez cru! Ne prenez pas les juifs et les nazaréens pour alliés. Ils sont alliés les uns des autres. Quiconque parmi vous s'allie à eux est des leurs. Dieu ne dirige pas les gens oppresseurs (H-112/5:51; voir aussi H-89/3:28 et H-113/9:8).

> Ô vous qui avez cru! Ne prenez pas vos pères et vos frères pour alliés s'ils ont aimé la mécréance plus que la foi. Quiconque parmi vous s'allie à eux, ceux-là sont les oppresseurs (H-113/9:23).

Cela ne doit cependant pas exclure des rapports basés sur la justice, sauf en cas d'hostilité:

> Dieu ne vous interdit pas, concernant ceux qui ne vous ont pas combattus dans la religion et ne vous ont pas fait sortir de vos demeures, d'être bons et équitables envers eux. Dieu aime les équitables. Dieu vous interdit seulement, concernant ceux qui vous ont combattus dans la religion, vous ont fait sortir de vos demeures, et ont soutenu pour vous faire sortir, de vous allier à eux. Quiconque s'allie à eux, ceux-là sont les oppresseurs (H-91/60:8-9).

Pour résoudre les contradictions qui existent entre les versets tolérants et ceux moins tolérants, les légistes classiques recourent à la théorie de l'abrogation: un verset portant sur une affaire est abrogé par un verset ultérieur portant sur cette même affaire. Or, les légistes classiques n'ont pu se mettre d'accord ni sur la portée ni sur la datation des versets, certains n'hésitant pas à considérer tous les versets tolérants du Coran à l'égard des non-musulmans comme abrogés purement et simplement par le verset du sabre:

> Une fois écoulés les mois interdits, tuez les associateurs où que vous les trouviez, prenez-les, assiégez-les, et restez assis contre eux [dans] tout aguet. Mais s'ils se repentent, élèvent la prière, et donnent la dîme (*zakat*), alors dégagez leur voie. Dieu est pardonneur, très miséricordieux (H-113/9:5).

Signalons ici que ce statut de *dhimmi* n'est accordé que si les non-musulmans acceptent de se soumettre à l'autorité musulmane et aux restrictions prévues par le droit musulman. Dans le cas contraire, ils sont passés par l'épée, et leurs enfants et femmes sont asservis et distribués entre les combattants (voir notre ouvrage: "Le tribut (*jizyah*) dans l'islam" https://goo.gl/skHjso et notre ouvrage: "Nulle contrainte dans la religion" https://goo.gl/zKq2Wk). La *jizyah* a été abolie au 19ème siècle, mais les mouvements islamistes veulent la rétablir, et c'est ce qu'a fait Daesh dans les régions sous sa domination.

C) Apostats

Le Coran dit: "Nulle contrainte dans la religion" (H-87/2:256). On est libre de devenir musulman, voire encouragé à le faire, mais le musulman, qu'il soit né d'une famille musulmane ou converti à l'islam, n'a pas le droit de quitter sa religion. Il s'agit donc d'une liberté religieuse à sens unique. Le Coran ne prévoit pas de châtiment précis contre l'apostat bien qu'il en parle à plusieurs reprises en utilisant soit le terme *kufr* (mécréance), soit le terme *riddah* (abjuration). Seuls des châtiments dans l'autre vie y sont prévus si l'on excepte le verset H-113/9:74 qui parle de châtiment douloureux en ce monde, sans préciser en quoi il consiste. Les récits de Mahomet sont en revanche plus explicites:

> Celui qui change de religion, tuez-le (cité par Al-Bukhari).

> Il n'est pas permis d'attenter à la vie du musulman sauf dans les trois cas suivants: la mécréance après la foi, l'adultère après le mariage et l'homicide sans motif (cité par Al-Bukhari).

Mawerdi, juriste musulman (d. 1058), définit comme suit les apostats:

> Ceux qui étant légalement musulmans, soit de naissance, soit à la suite de conversion, cessent de l'être, et les deux catégories sont, au point de vue de l'apostasie, sur la même ligne.

Sur la base des versets coraniques et des récits de Mahomet, les légistes classiques prévoient la mise à mort de l'apostat après lui avoir accordé un délai de réflexion de trois jours. S'il s'agit d'une femme, certains légistes préconisent de la mettre en prison jusqu'à sa mort ou son retour à l'islam. Il faut y ajouter des mesures d'ordre civil: le mariage de l'apostat est dissous, ses enfants lui sont enlevés, sa succession est ouverte, et il est privé du droit successoral. L'apostasie collective donne lieu à des guerres. Le sort réservé aux apostats est alors pire que celui réservé à l'ennemi, aucune trêve n'étant permise avec les apostats.

D) Polythéistes

Il s'agit de ceux qui n'appartiennent pas aux Gens du Livre. Ils furent sommés, en vertu du verset du sabre (H-113/9:5) cité plus haut, soit de se convertir, soit de subir la guerre jusqu'à la mort. En vertu de ce verset, environ 80 millions d'hindouistes ont été exterminés par les musulmans.

E) Statut particulier de l'Arabie

La tolérance à l'égard des Gens du Livre ne s'applique pas à ceux d'entre eux qui habitent l'Arabie. Mahomet, sur son lit de mort, aurait appelé Umar (d. 644), le futur 2ème calife, et lui aurait dit: "Deux religions ne doivent pas coexister dans la Péninsule arabe". Il ne suffisait plus de payer le tribut comme leurs coreligionnaires dans les autres régions dominées par les musulmans. Rapportant la parole de Mahomet, Mawerdi écrit: "Les tributaires ne furent pas admis à se fixer dans le Hijaz; ils ne pouvaient y entrer nulle part plus de trois jours". Leurs cadavres mêmes ne sauraient y être enterrés et, "si cela a eu lieu, ils seront exhumés et transportés ailleurs, car l'inhumation équivaut à un séjour à demeure".

Les légistes musulmans classiques ne se sont pas mis d'accord sur les limites géographiques dans lesquelles cette norme devait s'appliquer. Aujourd'hui seule l'Arabie saoudite l'invoque pour priver sur son territoire tous les non-musulmans du droit de pratiquer leurs cultes.

5) Terre d'islam et Terre de mécréance

A) Frontière religieuse classique

Les légistes musulmans classiques considèrent comme Terre d'islam (Dar al-islam) toutes les régions passées sous domination musulmane, que les habitants soient musulmans ou non. De l'autre côté de la frontière se trouve la Terre de guerre (*Dar al-harb*), appelée souvent Terre de mécréance (*Dar al-kufr*) qui, un jour ou l'autre, devra passer sous domination musulmane, et ses habitants à plus ou moins longue échéance devront se convertir à l'islam.

Avant le départ de Mahomet de la Mecque, le Coran intimait aux musulmans de ne pas recourir à la guerre, même s'ils étaient agressés (H-70/16:127; H-96/13:22-23). Après le départ de la Mecque et la création de l'État musulman à Médine, les musulmans furent autorisés à combattre ceux qui les combattaient (H-87/2:190-193 et 216; H-88/8:61; H-103/22:39-40). Enfin, il leur fut permis d'entreprendre la guerre (H-113/9:3-5). Le but de cette guerre est d'étendre la Terre d'islam et de convertir la population à l'islam. Mahomet dit:

> J'ai reçu l'ordre de combattre les gens jusqu'à ce qu'ils confessent qu'il n'y a de divinité que Dieu (cité par Al-Bukhari).

Mawerdi (d. 1058) nomme parmi les devoirs du chef de l'État:

> Combattre ceux qui, après y avoir été invités, se refusent à embrasser l'islam, jusqu'à ce qu'ils se convertissent ou deviennent tributaires, à cette fin d'établir les droits d'Allah en leur donnant la supériorité sur toute autre religion.

Il précise que si les adversaires se convertissent à l'islam, "ils acquièrent les mêmes droits que nous, sont soumis aux mêmes charges, et continuent de rester maîtres de leur territoire et de leurs biens". S'ils demandent grâce et réclament une trêve, cette trêve n'est acceptable que s'il est trop difficile de les vaincre et à condition de les faire payer; la trêve doit être aussi courte que possible et ne pas dépasser une durée de dix ans; pour la période qui dépasse ce délai, elle devient sans valeur (voir notre ouvrage: "Le jihad dans l'islam" https://goo.gl/g6LAqC).

B) Frontière religieuse classique et migration

Pour échapper aux persécutions, Mahomet, accompagné de certains de ses adeptes, quitta en 622 la Mecque, sa ville natale, et se dirigea vers Yathrib, la ville de sa mère, devenue Médine. C'est le début de l'ère musulmane dite ère hégire, ère de la migration. Ceux qui quittèrent la Mecque pour aller à Médine portèrent le nom de *Muhajirun* (immigrés). Ceux qui les accueillirent furent appelés *Ansar* (supporteurs).

Des musulmans, cependant, restèrent à la Mecque et continuèrent à vivre secrètement leur foi. Contraints de participer au combat contre les troupes de Mahomet, certains y perdirent la vie. C'est alors que fut révélé le passage suivant:

> Ceux, oppresseurs envers eux-mêmes, que les anges rappelèrent, ils [leur] dirent: "Où en étiez-vous?" Ils dirent: "Nous étions affaiblis dans la terre". Ils dirent: "La terre de Dieu n'était-elle pas large pour que vous y émigriez?" Ceux-là leur abri sera la géhenne. Quelle mauvaise destination! À l'exception des affaiblis parmi les hommes, les femmes et les enfants, qui ne peuvent trouver un moyen, ni se diriger sur une voie (H-92/4:97-98).

Ce passage demande à tout musulman, vivant en pays de mécréance, de quitter son pays pour rejoindre la communauté musulmane, s'il le peut. D'autres versets vont dans le même sens (H-92/4:100; H-113/9:20). Le but de cette migration est de se mettre à l'abri des persécutions, d'affaiblir la communauté mécréante et de participer à l'effort de guerre de la nouvelle communauté. Aussi, le Coran parle-t-il conjointement de ceux qui ont émigré et ont fait le jihad (H-87/2:218; H-88/8:72, 74 et 75; M-70/16:110).

En application de cette doctrine de la migration, les musulmans ont quitté les pays qui ont été reconquis par les chrétiens. Ainsi en 1091, la reconquête chrétienne de la Sicile fut achevée après une occupation musulmane d'un peu plus de 270 années. Un grand nombre de musulmans quittèrent l'île pour se réfugier de l'autre côté de la Méditerranée. Et avec la capitulation de Tolède en 1085, la grande majorité des musulmans quittèrent la ville.

Les ouvrages juridiques arabes actuels utilisent des termes neutres, sans connotation religieuse, mais les ouvrages musulmans qualifient souvent les pays non-musulmans de Terre de mécréance (*Dar al-kufr*), et leurs habitants de mécréants (*kafir*) et réclament le retour au *jihad*. Des groupes musulmans extrémistes considèrent leurs propres pays musulmans comme Terre de mécréance, du fait que ces pays n'appliquent pas le droit musulman dans son intégralité.

Il y a aussi un débat autour de la question de savoir si un musulman peut obtenir la nationalité d'un pays non-musulman. Certains n'hésitent pas à considérer un tel musulman comme apostat, du fait qu'il se soumet aux lois occidentales au lieu des lois musulmanes. Ils réclament aux citoyens musulmans des pays non-musulmans de renoncer à leur nationalité et d'aller vivre dans les pays musulmans. D'autres estiment que ces musulmans doivent mener le jihad à l'intérieur des pays mécréants. Des terroristes s'infiltrent parmi les migrants à cette fin.

On ne peut être très optimiste lorsqu'on voit comment dans les Balkans les communautés chrétiennes et musulmanes, après avoir cohabité pendant des siècles, s'entretuent et se séparent. Et il n'est pas exclu que ce scénario se répète dans d'autres pays occidentaux si le nombre des musulmans atteint un seuil critique qui leur permette de s'affirmer.

Chapitre II
Le statut personnel: droit de la famille et des successions

Le statut personnel, qui comprend notamment le droit de la famille et des successions, est le domaine juridique le plus marqué par le droit musulman et le plus en conflit avec le droit suisse. Afin de prévenir un tel conflit autant que possible, nous proposons à la fin de ce livre un *Modèle de contrat de mariage* visant surtout les couples mixtes dont un des deux conjoints est musulman. Ce modèle peut aussi être utile pour les couples dont les deux conjoints sont musulmans.

Normes suisses

Le statut personnel est passé des mains des autorités religieuses aux mains des autorités civiles, déjà dans la constitution de 1874 qui a aboli les juridictions ecclésiastiques (article 58 al. 2), mis le droit au mariage "sous la protection de la confédération" (article 54), et affirmé que "l'état civil et la tenue des registres qui s'y rapportent sont du ressort des autorités civiles" (53 al. 1). Il est réglementé notamment par le Code civil qui régit tous les citoyens, quelle que soit leur religion. Les dispositions de la constitution de 1874 n'ont pas été reprises par la constitution de 2000 qui se limite à des dispositions concises et à des principes généraux. Nous y reviendrons plus loin.

Normes musulmanes

Le statut personnel est soumis au système de la personnalité des lois et des juridictions, comme indiqué plus haut. Raison pour laquelle il fait l'objet de lois communautaires séparées qui ne sont pas intégrées dans les Codes civils de ces pays. Nous verrons dans les points suivants les questions les plus importantes.

1) Célébration du mariage

Normes suisses

Le mariage est une institution laïque, exigeant une forme officielle qui est de la compétence exclusive des officiers de l'état civil, quelle que soit la religion ou la nationalité des conjoints. Il est interdit aux représentants diplomatiques et consulaires étrangers en Suisse de célébrer un mariage. De même, "le mariage religieux ne peut précéder le mariage civil" (art. 97 alinéa 3 CCS). Le mariage religieux constitue une formalité facultative qui n'a aucune conséquence juridique. Le mariage est donc un contrat formel qui ne peut être conclu par le simple consentement des conjoints, contrairement aux simples contrats consensuels.

Normes musulmanes

Le Coran ne dit rien sur la forme que doit respecter le mariage. Mais la Sunnah de Mahomet prescrit qu'il y ait une publicité afin que les gens puissent reconnaître ceux qui sont mariés. Dans les pays arabes et musulmans, une autorité religieuse ou une autorité civile avec connotation religieuse célèbre généralement le mariage, que ce soit pour les musulmans ou pour les non-musulmans. Il arrive que des conjoints se marient en Suisse uniquement devant un imam, sans avoir conclu au préalable un mariage civil. Le droit suisse ne reconnaît pas un tel mariage, ce qui peut avoir des conséquences désagréables, notamment pour la femme délaissée par son conjoint. Par ailleurs, l'imam s'expose à des sanctions pénales et peut même se voir retirer le permis de séjour.

Malgré l'exigence de la forme officielle par les États arabes et musulmans, ces États ne sont pas en mesure d'interdire totalement le mariage dit coutumier (*'urfi*) qui a lieu devant deux témoins, et parfois devant un avocat ou un notaire, sans nécessité d'officier chargé par l'État, en raison de la norme islamique qui ne prescrit pas la présence d'un officier étatique. Souvent des femmes touristes se font piéger par un tel mariage pour avoir des relations sexuelles et cohabiter sans tomber sous le cas de la loi. La reconnaissance du mariage coutumier (*'urfi*) est sujette à caution, et si la femme en question change de partenaire, elle peut être poursuivie pour polyandrie.

2) Empêchement religieux au mariage

Normes suisses

L'article 54 alinéa 2 de la Constitution de 1874 stipulait: "Aucun empêchement au mariage ne peut être fondé sur des motifs confessionnels". L'article 14 de la Constitution de 2000 se limite à dire: "Le droit au mariage et à la famille est garanti".

L'article 16 chiffre 1 de la Déclaration universelle des droits de l'homme dit:
> À partir de l'âge nubile, l'homme et la femme, sans aucune restriction quant à la race, la nationalité ou la religion, ont le droit de se marier et de fonder une famille.

Normes musulmanes

Avec la liberté religieuse, cette question reste le point d'achoppement le plus grave du droit musulman aussi bien dans le passé que dans le présent. L'article 16 chiffre 1 de la Déclaration universelle a fait l'objet de réserves de la part des pays arabes et musulmans. La Tunisie est le premier pays musulman à avoir permis en 2018 le mariage d'une musulmane avec un non-musulman, mais cela passe mal dans la population tunisienne et le monde musulman. Voyons sommairement les normes musulmanes:

- Les musulmans chiites n'admettent que le mariage d'un musulman avec une musulmane. Si un musulman épouse une femme d'une autre religion, celle-ci doit préalablement se convertir à l'islam.
- Les musulmans sunnites admettent le mariage d'un musulman avec une non-musulmane monothéiste (juive ou chrétienne), et celle-ci peut garder sa foi en épousant un musulman sunnite, mais celui-ci ne cache en règle générale pas son souhait qu'un tel mariage finisse par la conversion de la femme à l'islam. Même en l'absence de pression, la femme se sentira pratiquement contrainte de devenir musulmane si elle ne veut pas être désavantagée sur le plan successoral et sur le plan de la garde des enfants. Si la femme est non-monothéiste, elle doit se convertir à l'islam ou à une autre religion monothéiste.
- Une musulmane ne peut épouser qu'un musulman. Le non-musulman, qu'il soit monothéiste ou non, doit préalablement se convertir à l'islam s'il veut épouser une musulmane.
- Si une femme non-musulmane mariée à un non-musulman devient musulmane, son mariage est dissous sauf si son mari accepte de la suivre dans sa nouvelle religion.
- Une personne, homme ou femme, qui quitte l'islam ne peut contracter un mariage. Si l'apostasie intervient après le mariage, celui-ci est dissous.

Ces normes ont un effet en Suisse. Si une femme musulmane épouse un non-musulman, elle risque d'être kidnappée, voire tuée par ses parents et ses coreligionnaires. Pour éviter ces problèmes, de nombreux hommes suisses se convertissent à l'islam pour la forme, sans trop se rendre compte des conséquences juridiques de leur acte.

3) Mariage de jouissance (temporaire)

Normes suisses

Le mariage n'est plus ce qu'il était, une alliance perpétuelle comme l'enseigne toujours l'Église catholique. Personne ne peut obliger deux conjoints de rester unis jusqu'à la mort de l'un d'eux. Mais un mariage qui est limité d'avance dans le temps ne saurait être admis en droit suisse.

Normes musulmanes

Les chiites connaissent une forme de mariage dit *zawaj al-mut'ah* (litt.: mariage de jouissance) souvent traduit par mariage temporaire, prévu dans le Code civil iranien, partant du verset H-92/4:24: "Il vous est permis de rechercher au-delà, avec vos fortunes, préservés, non pas en débauchés. Puis donnez-leur leurs récompenses pour ce que vous jouissez d'elles, comme une imposition". Ce verset serait abrogé selon les sunnites.

En vertu des normes chiites, le mari peut, en plus des quatre épouses régulières, prendre d'autres femmes en mariage temporaire qui peut durer aussi bien une seule heure, que plusieurs années. Des sunnites n'hésitent pas à qualifier ce mariage de prostitution. Toutefois, il existe quelques penseurs sunnites qui estiment que ce mariage constitue une solution à un problème réel, notamment pour les jeunes musulmans qui vivent en Occident. C'est le cas de Jamal Al-Banna, frère cadet de Hassan al-Banna, et oncle de Tariq Ramadan qui a conclu un tel mariage avec une des plaignantes.

4) Polygamie

Normes suisses

En Suisse, la polygamie est contraire au principe de l'égalité affirmé par l'article 8 de la Constitution de 2000. Elle constitue un délit punissable en vertu de l'article 215 du Code pénal qui stipule:

> Celui qui, étant déjà marié ou lié par un partenariat enregistré, aura contracté mariage ou conclu un partenariat enregistré, celui qui aura contracté mariage ou conclu un partenariat enregistré avec une personne déjà mariée ou liée par un partenariat enregistré sera puni d'une peine privative de liberté de trois ans au plus ou d'une peine pécuniaire.

Normes musulmanes

Si l'on excepte les femmes esclaves et les femmes épousées en mariage de jouissance, le Coran permet au musulman d'épouser jusqu'à quatre femmes à la fois. Mais il recommande de se limiter à une seule femme si on craint de ne pas être équitable avec elles (H-92/4:3), tout en ajoutant: "Vous ne pourrez jamais être justes parmi vos femmes, même si vous y veillez" (H-92/4:129). La polygamie est interdite en Tunisie, en Turquie et en Israël. Des mesures ont été prises par certains législateurs arabes limitant la polygamie sur la base des versets coraniques susmentionnés. Ces mesures varient d'un État à l'autre et peuvent être résumées comme suit:

- la femme peut inclure une clause de non remariage lui donnant le droit de demander le divorce si le mari épouse une autre;
- la femme peut demander le divorce en cas de remariage même en l'absence de la clause contractuelle;
- le mari qui entend épouser une deuxième, troisième ou quatrième femme doit remplir certaines conditions soumises à l'appréciation du juge.

Il arrive qu'un étranger déjà marié dans son pays d'origine épouse une Suissesse en cachant son premier mariage pour obtenir le permis de séjour. Une fois le permis obtenu, il divorce et fait venir sa première femme. Il est aussi arrivé qu'un Suisse contracte un mariage à l'étranger et ensuite, sans déclarer le premier mariage, contracte un autre mariage en Suisse, le premier mariage ne faisant surface qu'avec l'intervention du premier conjoint. Le deuxième mariage dans ce cas tombe sous le coup de la loi et est nul, la bigamie étant punissable même si le premier mariage a été contracté à l'étranger, pourvu qu'il ait été reconnu par le droit suisse.

5) Âge du mariage

Normes suisses

L'article 94 chiffre 1 du Code civil suisse prévoit:
> Pour pouvoir contracter mariage, l'homme et la femme doivent être âgés de 18 ans révolus.

Normes musulmanes

Les légistes musulmans considèrent comme valide le mariage en bas âge, en se basant sur le verset H-99/65:4 qui admet implicitement la répudiation de filles non pubères. Ils invoquent aussi le précédent de Mahomet, qui, âgé de 50 ans, a épousé Ayshah lorsqu'elle avait six ans. Au Soudan, l'article 40 permet le mariage à l'âge de 10 ans. Un tribunal a annulé le mariage d'une fille âgée de huit ans parce qu'elle avait moins de dix ans. Au Yémen, l'âge a été fixé à 17 ans, alors qu'auparavant, il y avait des cas de mariage de fillette de huit ans. En Iran, l'âge légal du mariage pour les filles est de 13 ans, mais le tribunal permet le mariage de filles de 9 ans si le père estime que c'est dans l'intérêt de la fille. Le code de famille chiite en Irak permet le mariage des filles à l'âge de 9 ans. Certains législateurs arabes essaient de mettre fin à de telles pratiques en fixant un âge minimum pour le mariage. La plupart accordent, toutefois, des dispenses, certains même sans préciser l'âge minimum pour une telle dispense. En outre, quelques législateurs recourent à une limitation procédurale. Ainsi le législateur égyptien interdit au *mazoun* (notaire) de "conclure ou de confirmer le mariage à moins que la femme n'ait atteint l'âge de 16 ans et l'homme l'âge de 18 ans lors du contrat". De plus, les tribunaux ne peuvent admettre l'action en contestation ou en reconnaissance de mariage que si ce dernier est attesté par un document officiel et si les deux conjoints ont l'âge légal. Le mariage coutumier (*'urfi*) étant partiellement valable en Égypte, même en l'absence de *mazoun*, ces dispositions restent de portée limitée.

6) Consentement au mariage

Normes suisses

Le consentement librement exprimé est une condition impérative pour la validité du mariage. Un mariage sans consentement est, en principe, sanctionné par la nullité. Le mariage étant considéré comme un acte strictement personnel, nul ne peut être contraint au mariage.

Normes musulmanes

Selon des auteurs classiques, le tuteur a le droit de célébrer le mariage du mineur et de la jeune fille vierge - quel que soit leur âge - sans leur consentement. Il peut aussi s'opposer à leur mariage. Ceux-ci peuvent cependant s'adresser au juge pour dissoudre le mariage, ou au contraire pour les marier si le juge considère que cela est dans leur intérêt.

Les législateurs arabes abordent différemment le problème de la conclusion du mariage sans le consentement de la femme. Plusieurs codes donnent au tuteur de la femme, en principe un parent mâle dans l'ordre de priorité successorale, le pouvoir de conclure le mariage. La femme doit cependant y consentir. Autrement dit, il faut l'accord du tuteur et de la femme. D'autres codes accordent à la femme la possibilité de se marier sans le consentement du tuteur si elle n'est pas vierge (à savoir, si elle s'est déjà mariée auparavant) ou si elle est majeure. Le tuteur ne peut intervenir que si la dot payée est insuffisante, ou le mari n'est pas assorti.

7) Violence et viol dans le couple

Normes suisses

Le droit suisse poursuit d'office la violence dans le couple, y compris les rapports sexuels qu'un conjoint impose à l'autre.

Normes musulmanes

Le Coran permet au mari, et seulement à lui, de frapper sa femme si elle lui désobéit, notamment si elle refuse d'avoir des rapports sexuels avec lui. C'est l'interprétation qui est donnée par les juristes musulmans au verset H-92/4:34:

Les hommes s'élèvent au-dessus des femmes parce que Dieu a favorisé certains par rapport à d'autres, et ce qu'ils ont dépensé de leurs fortunes. Les femmes vertueuses sont dévouées, et gardent le secret que Dieu a gardé [pour elles]. Celles dont vous craignez la dissension, exhortez-les, abandonnez-les dans les couches, et frappez-les (*udribuhun*). Si elles vous obéissent, ne recherchez plus de voie contre elles. Dieu était élevé, grand.

Al-Qurtubi (mort en 1273), un fameux exégète, signale que Dieu n'a autorisé l'administration des coups de façon explicite que dans le verset H-92/4: 34 et pour les grands délits, plaçant ainsi la désobéissance des femmes au même niveau que ces délits, et chargeant les maris de les punir sans nécessité de décision judiciaire, de témoins ou de preuve parce que Dieu a confié les femmes aux hommes. Il indique que le châtiment peut varier selon les femmes. Une femme de classe supérieure est châtiée par la désapprobation, mais une femme de classe inférieure est châtiée par le fouet. Il précise que la femme est frappée si elle refuse les rapports sexuels ou le service de son mari. À ce châtiment s'ajoute la perte du droit de la femme à la pension.

Un tel verset donne une image négative de l'islam. De ce fait, certains traducteurs offrent du terme *udribuhun* des traductions soit édulcorées, soit carrément erronées (voir notre ouvrage "Frappez les femmes" https://goo.gl/Rzegc6).

Un récit de Mahomet prescrit: "Commandez vos enfants de prier dès l'âge de sept ans, et frappez-les à l'âge de dix ans". Des fatwas / décisions religieuses appliquent ce récit aussi en matière de jeûne. La presse rapporte plusieurs cas de maltraitance d'enfants, voire d'adultes qu'on force à observer les obligations religieuses ou à apprendre le Coran par cœur, y compris en Occident. Dans certains pays, des enfants sont littéralement enchaînés.

8) Dissolution du mariage

Normes suisses

Le divorce ne peut être dissous que devant les autorités judiciaires, même si les deux conjoints peuvent l'obtenir facilement en cas de consentement mutuel.

Normes musulmanes

Le droit musulman prévoit principalement trois manières de dissoudre le mariage: la répudiation, le rachat et le divorce judiciaire. Ce dernier ne posant pas de problème, voyons les deux premiers.

La répudiation est le droit reconnu à l'homme musulman, et à lui seul, de mettre fin au mariage par une déclaration de volonté unilatérale, sans justification et sans passer devant un tribunal.

La femme peut négocier avec son mari une répudiation contre versement d'une somme d'argent. Certains qualifient ce procédé de "divorce par consentement mutuel". Le terme "rachat" serait plus approprié. En effet, le Coran utilise le terme *iftadat* (H-87/2:229) qui évoque la rançon payée pour la libération d'un captif. Même si la femme exprime ici sa volonté de mettre fin au mariage, le mari reste maître de la situation: sans son accord, le mariage ne peut être dissous. Le rachat peut même être une modalité bien plus sévère que la répudiation, dans la mesure où il permet au mari d'exercer une pression psychologique et financière sur son épouse.

Les pays musulmans ont essayé de tempérer l'abus des hommes en se basant sur le Coran qui interdit au mari de reprendre sa femme répudiée avant qu'elle n'ait été mariée avec un autre et que ce dernier mariage n'ait été dissous (H-87/2:230).

Un autre moyen pour limiter la répudiation consiste à imposer le passage devant le juge qui tente de concilier les époux. Ceci se base sur le Coran qui dit: "Si vous craignez une dissension entre les deux, suscitez un juge de sa famille à lui, et un juge de sa famille à elle. Si les deux veulent une réconciliation, Dieu rétablira la concorde parmi eux" (H-92/4:35).

Enfin, certains pays prévoient le paiement d'une indemnité en cas de répudiation abusive.

Le divorce judiciaire des musulmans obtenu à l'étranger ne pose pas de problème en Suisse. Quant à la répudiation et au rachat, ils sont interdits en Suisse du fait que seul le juge peut prononcer un divorce. En raison du relâchement de la procédure de divorce en Suisse, devenue aussi simple que la répudiation musulmane en cas de consentement mutuel des deux conjoints, la doctrine et les tribunaux suisses sont partagés face à la reconnaissance de la répudiation faite à l'étranger, notamment lorsqu'il y a consentement des deux parties.

Il arrive que des musulmans vivant en Suisse répudient ou divorcent à l'amiable devant un imam ou un consulat d'un pays musulman en Suisse. Une telle procédure n'est pas admise en Suisse et le couple reste marié aux yeux des autorités.

9) Relations entre parents et enfants

Normes suisses

En Suisse, l'article 296 du Code civil dit:
   1) L'autorité parentale sert le bien de l'enfant.

2) L'enfant est soumis, pendant sa minorité, à l'autorité parentale conjointe de ses père et mère.

3) Les parents mineurs ou sous curatelle de portée générale n'ont pas l'autorité parentale. Celle-ci revient aux parents lorsqu'ils deviennent majeurs. Lorsque la curatelle de portée générale est levée, l'autorité de protection de l'enfant statue sur l'attribution de l'autorité parentale selon le bien de l'enfant.

L'article 297 A*bis* ajoute:

1) En cas de décès de l'un des détenteurs de l'autorité parentale conjointe, l'autorité parentale revient au survivant.

2) En cas de décès du parent qui a l'exercice exclusif de l'autorité parentale, l'autorité de protection de l'enfant attribue l'autorité parentale au parent survivant ou nomme un tuteur selon le bien de l'enfant.

Concernant l'éducation religieuse, l'article 303 dit:

1) Les père et mère disposent de l'éducation religieuse de l'enfant.

2) Sont nulles toutes conventions qui limiteraient leur liberté à cet égard.

3) L'enfant âgé de 16 ans révolus a le droit de choisir lui-même sa confession.

Si les époux divergent d'avis, y compris dans ce domaine, il leur incombe de chercher un terrain d'entente. Ils peuvent, le cas échéant, recourir à un office de consultation ou solliciter l'aide médiatrice du juge (articles 171 et 172).

Normes musulmanes

En droit musulman, on distingue entre le droit de garde (*hadanah*) et la puissance paternelle (*wilayah*). Les normes des États musulmans se ressemblent sur les points essentiels: la mère obtient la garde de l'enfant pendant une période limitée, garde réduite si la mère n'est pas musulmane, ou supprimée si la mère apostasie. La puissance paternelle reste entre les mains du père. Les enfants doivent être élevés dans la religion musulmane, Les parents n'ont pas d'autre choix si l'un d'eux est musulman, et l'enfant devenu majeur ne peut pas opter pour une autre religion. En cas d'apostasie du père, celui-ci perd aussi bien la puissance paternelle que la garde.

Le problème se pose en particulier dans le cadre des mariages mixtes. Le mari musulman exige généralement que ses enfants soient éduqués dans la religion musulmane, exigence devant laquelle la conjointe non-musulmane s'incline souvent facilement. Dans le cas où les deux conjoints ne sont pas d'accord, le couple décide généralement de divorcer.

En ce qui concerne le pouvoir du père sur le mariage de ses enfants, les parents musulmans vivant en Suisse ne peuvent contraindre leurs enfants à se marier, et ils ne peuvent s'opposer à leur mariage, par exemple avec un non-musulman. Pour contourner la loi suisse, des parents musulmans renvoient leurs filles dans leur pays d'origine pour leur imposer un mariage arrangé par la famille.

Un des problèmes les plus aigus est celui de l'enlèvement d'enfants. Aucun pays arabe, à l'exception du Maroc, n'a signé la Convention de la Haye sur les aspects civils de l'enlèvement international d'enfants.

10) Droit successoral

Normes suisses

L'article 8 de la Constitution de 2000 interdit la discrimination basée sur le sexe ou la religion. Le droit successoral est régi par le Code civil. Il n'y est fait aucune référence à la religion et au sexe des héritiers. Personne ne peut être privé totalement ou partiellement de ses droits en matière d'héritage pour raison d'appartenance religieuse ou de sexe.

Normes musulmanes

Le droit musulman comporte des normes discriminatoires à l'égard des femmes en matière successorale (voir notre livre: Les successions en droit musulman https://goo.gl/Yk9n1a). Cette discrimination tire son fondement du Coran qui octroie généralement aux fils le double de la part des filles, et au mari le double de ce que sa femme hérite de son mari prédécédé (H-92/4:11-13). On attribue cette discrimination au fait que les hommes ont plus de charges que les femmes. Ces justifications ne tiennent pas compte du fait que certaines femmes aujourd'hui subviennent aux besoins de leurs familles plus que les hommes.

Le droit musulman comporte aussi des normes discriminatoires pour cause d'appartenance religieuse. Ainsi, un musulman qui apostasie ne peut hériter de personne, et sa succession est ouverte de son vivant, notamment s'il abandonne son pays pour échapper à la justice. Seuls ses héritiers musulmans peuvent hériter de lui. S'il revient à l'islam, il récupère ses biens. D'autre part, le musulman ne peut hériter d'un chrétien et vice-versa. Ainsi, si une non-musulmane épouse un musulman et met au monde des enfants (forcément musulmans selon le droit musulman), elle ne peut hériter de son mari ou de ses enfants. D'autre part, les enfants musulmans ne sauraient hériter de leur mère non-musulmane. Et si un chrétien devient musulman, seuls ses enfants qui deviennent musulmans peuvent hériter de lui. Seul moyen pour contourner cette règle: constituer un legs à concurrence d'un tiers de la succession en faveur de l'héritier privé de l'héritage pour raison de différence de religion. Les normes musulmanes en matière de succession incitent bon nombre de femmes non-musulmanes mariées à des musulmans à devenir musulmanes (pour la forme) afin de ne pas perdre leur part dans l'héritage de leur mari et pour que leurs enfants (en général musulmans) ne soient pas exclus de leur propre héritage.

Lorsque le défunt a son dernier domicile en Suisse, les autorités suisses sont compétentes (article 86 alinéa 1 LDIP) et appliquent le droit suisse (article 90 alinéa 1 LDIP). Si le défunt est musulman, les normes musulmanes sont écartées de par la règle de conflits de lois. Le problème se pose lorsque le défunt a choisi dans son testament l'application du droit musulman de son État national, puisque le droit suisse permet de choisir la loi applicable (article 90 alinéa 2 LDIP). De même, si le défunt étranger a eu son dernier domicile dans son pays d'origine, les autorités suisses ne sont compétentes que s'il a laissé des biens immobiliers en Suisse et uniquement dans la mesure où les autorités étrangères ne s'occupent pas de la succession (article 88 alinéa 1). Dans ce cas, la succession est régie par le droit que désignent les règles de droit international privé de l'État dans lequel le défunt était domicilié (article 91 alinéa 1). Ici aussi, il est bien possible que le droit musulman soit applicable. Enfin, il faut tenir compte des conventions internationales, notamment de la Convention d'établissement entre la Suisse et l'Iran de 1934, prévoyant l'application du droit national du défunt.

Si les héritières sont d'accord pour l'application des normes musulmanes qui les discriminent, les autorités suisses appelées à partager la succession et les banques suisses sollicitées à transférer la succession aux héritiers ne doivent pas soulever d'office le caractère discriminatoire des normes musulmanes. Il ne faut pas être plus royaliste que le roi. Il devrait en aller autrement si les héritières réclament le respect du principe constitutionnel de l'égalité des sexes. Il faut en effet rappeler que de nombreuses voix dans le monde musulman réclament l'application d'une telle égalité en matière successorale.

Chapitre III
Droit pénal et châtiments cruels

Normes suisses

Les sanctions pénales en cas de violation de la loi sont prévues principalement par le Code pénal qui suit le principe de l'humanisation de la peine. L'article 5 de la Déclaration universelle dit: "Nul ne sera soumis à la torture, ni à des peines ou traitements cruels, inhumains ou dégradants". L'article 10 de la Constitution de 2000 chiffre 3 stipule:

> La torture et tout autre traitement ou peine cruels, inhumains ou dégradants sont interdits.

Normes musulmanes

Sur la base du Coran et de la Sunnah de Mahomet, les juristes musulmans classiques distinguent entre deux catégories de délits:

- Les délits punis de peines *had*/fixes prévues par le Coran ou la Sunnah de Mahomet. Cette catégorie groupe les délits suivants, selon le Code pénal arabe unifié: adultère (puni de lapidation si le coupable est marié, et de flagellation pour les non-mariés), calomnie d'adultère (punie de flagellation), consommation d'alcool (puni de flagellation), vol (puni d'amputation de la main droite la première fois, du pied droit en cas de récidive), *haraba*/banditisme et *baghy*/rébellion (puni en cas de mort, par la peine de mort, qu'il ait pris des biens ou pas, par l'amputation de la main droite et du pied gauche s'il s'est attaqué aux biens, à l'honneur ou à la personne sans causer la mort), et apostasie (punie de mort). S'y ajoute l'atteinte à la vie et à l'intégrité physique (punie du *qasas*/rétorsion: peine équivalente à la catégorie et au degré du délit commis, pouvant être commuée en *diyya*/compensation ou en *arsh*/composition).
- Les délits punis de peines *ta'zir*/discrétionnaires. Cette catégorie comprend les délits susmentionnés dont une des conditions vient à manquer. Elle comprend aussi les délits qui ne sont pas prévus dans la première catégorie.

Dès lors que les conditions d'un délit puni d'une peine *had*/fixe sont remplies, le coupable ne peut être gracié (remise, totale ou partielle, de la peine ou sa commutation en une peine plus douce). Cela découle du verset coranique H-87/2:229: "Celles-là sont les bornes de Dieu, ne les transgressez donc pas. Quiconque transgresse les bornes de Dieu, ceux-là sont les oppresseurs".

L'article 47 du Code pénal arabe unifié dit: "À l'exception des peines *had*/fixes et de *qasas*/rétorsion, le chef de l'État peut accorder la grâce sur proposition de la commission d'amnistie. La grâce peut concerner la totalité ou une partie de la peine, ou la commuer en une autre peine".

La plupart des pays arabes ont opté pour un système de sanctions moderne repris principalement de l'Occident. Il reste cependant quelques pays qui continuent de recourir aux sanctions dites islamiques ou y sont retournés. Ainsi, l'Arabie saoudite continue d'appliquer les sanctions islamiques contre des délits comme le vol, l'adultère, l'atteinte à la vie et à l'intégrité physique et l'apostasie, alors que l'Égypte, par exemple, a abandonné ces sanctions.

L'application du système pénal islamique est une revendication persistante des musulmans. Le Conseil des ministres arabes de la justice a approuvé à l'unanimité le Code pénal arabe unifié en 1996 qui prévoit ces sanctions dans l'attente de jours plus propices à leur application. Nous avons traduit en français la partie consacrée aux sanctions islamiques (https://goo.gl/pqfY15). Daesh s'est pressé à appliquer ces normes dans les régions qu'elle a occupées en Irak et en Syrie. Des musulmans en Occident plaident pour l'application du système pénal musulman, et Hani Ramadan a prôné la lapidation pour adultère. Un manuel saoudien enseigné à des élèves musulmans en Grande-Bretagne détaille ces sanctions.

Chapitre IV
Liberté individuelle et esclavage

Normes suisses

L'esclavage est un fléau connu dans toutes les sociétés depuis les plus anciens temps. On le retrouve dans les trois religions monothéistes. La Suisse a participé activement à la traite négrière, le fameux "commerce triangulaire" qui, entre les XVIe et XIXe siècles, s'est organisé entre l'Europe, l'Afrique et le Nouveau Monde. Des banques suisses ont possédé jusqu'à un tiers des actions de la Compagnie des Indes, société française qui disposait notamment d'un monopole dans la traite négrière en Afrique de l'Ouest. Des maisons de négoces ont financé ou commercé avec des entreprises esclavagistes. Lors du conflit sur l'abolition aux Etats-Unis, l'opinion publique suisse se rangea majoritairement du côté des nordistes. Les États sudistes furent néanmoins soutenus par des Suisses émigrés, eux-mêmes propriétaires d'esclaves. Après la Première Guerre mondiale, la Suisse signa une série d'accords internationaux contre l'esclavage. En 1926, elle ratifia la convention de la Société des Nations relative à l'esclavage et, en 1956, la convention supplémentaire de l'ONU relative à l'abolition de l'esclavage, de la traite des esclaves et des institutions et pratiques analogues à l'esclavage.

Normes musulmanes

Le Coran comporte de nombreux versets traitant de l'esclavage et des femmes esclaves acquises par des musulmans durant les razzias. Même s'il prévoit la possibilité de les libérer pour expier certaines infractions, le Coran ne prévoit pas l'abolition totale de l'esclavage. Au contraire, les musulmans ont largement participé à la traite et à la réduction en esclavage durant 14 siècles, et son abolition n'a été obtenue que sous l'effet de pressions occidentales. Cette abolition n'a eu lieu en Arabie saoudite qu'en 1968, provoquant une condamnation des milieux religieux dans les deux villes saintes de la Mecque et de Médine. L'esclavage est maintenu encore au Soudan et en Mauritanie.

Plusieurs fatwas et articles parus dans des sites saoudiens prônent ouvertement le retour à l'esclavage, qu'on ne saurait abolir du fait qu'il est prévu par le Coran. Répliquant à un auteur qui nie l'esclavage dans l'islam, Al-Mawdudi (d. 1979), le grand savant religieux pakistanais, dit: "Est-ce que l'honorable auteur est en mesure d'indiquer une seule norme coranique qui supprime l'esclavage d'une manière absolue pour l'avenir? La réponse est sans doute non". L'abolition de l'esclavage dans l'islam est donc conjoncturelle et provisoire, l'esclavage pouvant être réhabilité en tout moment lorsque les musulmans ont le pouvoir de le réactiver. Et c'est ce qu'a fait Daesh dans les régions occupées en Irak et en Syrie.

Réduite en esclavage par Daesh en Irak, une adolescente yézidie réfugiée en Allemagne aurait décidé de quitter le pays. Pour cause, elle affirme y être tombée nez à nez avec son bourreau, qui y était inscrit comme demandeur d'asile. Dans un entretien avec l'agence kurde Bas News, cité par le journal britannique The Times, la jeune femme raconte avoir été arrêtée dans la rue par Abu Humam, l'individu qui l'a achetée à Mossoul pour une centaine de dollars, alors qu'elle rentrait chez elle à Stuttgart.

"Je me suis figée lorsque j'ai vu son visage. C'était Abu Humam, avec la même barbe effrayante et le même visage répugnant", raconte Ashwaq Ta'lo, citée par Bas News. La jeune femme affirme avoir vu à deux reprises, en 2016 et 2018, son bourreau en Allemagne.

Celui-ci lui aurait dit: "Je suis Abu Humam et tu étais avec moi pendant un moment à Mossoul. Et je sais où tu vis, avec qui tu vis et ce que tu fais". Ashwaq Ta'lo s'est alors tournée vers la police allemande, qui est parvenue à identifier l'individu sur des images de vidéosurveillance. Mais les autorités lui ont expliqué n'avoir aucune charge permettant d'arrêter Abu Humam, qui était également enregistré comme réfugié.

Après ce traumatisme, la jeune femme qui était parvenue à échapper des griffes de Daesh aurait décidé de quitter l'Allemagne pour retourner au Kurdistan, selon Bas News. "J'ai décidé de retourner au Kurdistan et de ne jamais retourner en Allemagne", confie-t-elle (https://goo.gl/DHPahF).

Vu le laxisme des autorités occidentales, il n'est pas exclu que des cas d'esclavage ont et auront lieu en Occident de la part de musulmans motivés par des normes esclavagistes musulmanes qui légitiment le viol des femmes mécréantes. Il faut rattacher à ces normes ce qui s'est passé en Allemagne et ailleurs de la part de migrants musulmans.

Chapitre V
Liberté de religion

La liberté de religion peut être invoquée dans de nombreux domaines. Nous nous limitons dans ce chapitre aux questions suivantes: liberté d'adhérer, marquage religieux, liberté d'expression, prières et jeûne de Ramadan, lieux de culte et personnel religieux.

1) Liberté d'adhérer

Normes suisses

L'article 15 de la constitution dit:
1) La liberté de conscience et de croyance est garantie.
2) Toute personne a le droit de choisir librement sa religion ainsi que de se forger ses convictions philosophiques et de les professer individuellement ou en communauté.
3) Toute personne a le droit d'adhérer à une communauté religieuse ou d'y appartenir et de suivre un enseignement religieux.
4) Nul ne peut être contraint d'adhérer à une communauté religieuse ou d'y appartenir, d'accomplir un acte religieux ou de suivre un enseignement religieux.

Nous avons cité plus haut l'article 303 du CC qui remet l'éducation religieuse de l'enfant au père et à la mère, et donne à l'enfant âgé de 16 révolus "le droit de choisir lui-même sa confession".

Normes musulmanes

En droit musulman, l'enfant dont un des parents est musulman est obligatoirement musulman, même si ses parents sont d'un avis contraire. Une fois adulte, l'enfant n'a pas le droit de changer de religion.

Le droit musulman encourage la conversion à l'islam, mais punit sévèrement l'abandon de l'islam. Deux États arabes prévoient expressément la peine de mort, à savoir la Mauritanie et le Soudan, mais ailleurs l'apostat n'est pas plus en sécurité, pouvant être tué parfois par un membre de sa famille. Il ne peut se marier, son mariage est dissous, ses enfants lui sont pris et sa succession est ouverte. Il ne peut accéder à la fonction publique. Il est aussi interdit de convertir quelqu'un qui est musulman. Un converti trouvera rarement un prêtre qui acceptera de le baptiser, et s'il le fait, ce sera toujours à la condition de garder le silence. Le Code pénal arabe unifié adopté par tous les ministres arabes de justice en 1996 et qui se trouve sur le site de la Ligue arabe prévoit dans ses articles 162-165 la peine de mort contre les apostats (voir notre ouvrage: Les sanctions dans l'islam: avec le texte et la traduction du code pénal arabe unifié: https://goo.gl/pqfY15).

En Suisse, chacun peut devenir musulman, et les musulmans pratiquent un prosélytisme parfois à outrance, y compris dans les prisons. Les imams ne permettent de célébrer une cérémonie religieuse lors du mariage avec une musulmane que si l'homme se convertit à l'islam, et certains exercent aussi une pression pour que la femme chrétienne qui veut épouser un musulman devienne musulmane. Alors que les convertis à l'islam participent ouvertement à des émissions de radio et de télévision pour vanter les mérites de l'islam, rarement un chrétien d'origine musulmane ose faire de même. En Suisse, on voit des musulmans distribuer des exemplaires du Coran provenant de l'Arabie saoudite, y compris devant le parlement fédéral, alors que l'Arabie saoudite interdit l'entrée de la Bible sur son territoire.

Signalons ici que Jean-Pierre Chevènement, alors qu'il était ministre de l'Intérieur, lors d'une consultation rassemblant toutes les fédérations musulmanes, les grandes mosquées et certaines personnalités, leur soumit un texte qui ne pouvait "faire l'objet d'une négociation", mais qui a cependant été amendé. Le texte initial précisait que cette convention "consacre notamment le droit de toute personne à changer de religion ou de conviction". Si un musulman est libre de changer de religion, sa décision supplante celle du groupe. Après de longues discussions, ce point fut finalement retiré à la demande des autorités musulmanes, notamment de l'UOIF (Union des organisations islamiques de France). Le pacte fut signé le 28 janvier 2000. La Commission fédérale contre le racisme n'a jamais relevé ce problème alors qu'elle se presse de condamner ce qu'elle considère comme atteinte à la liberté religieuse, comme cela s'est manifesté lors de la votation sur les minarets.

2) Marquage religieux

Normes suisses

L'article 10 de la Constitution de 2000 stipule:
   1) Tout être humain a droit à la vie […]
   2) Tout être humain a droit à la liberté personnelle, notamment à l'intégrité physique et psychique et à la liberté de mouvement.
   3) La torture et tout autre traitement ou peine cruels, inhumains ou dégradants sont interdits.

Les articles 122 et 123 du Code pénal suisse incriminent respectivement les lésions corporelles graves et les lésions corporelles simples. L'article 124 est spécifique à la mutilation d'organes génitaux féminins.

En apparence, ces dispositions, qui se trouvent dans pratiquement toutes les législations nationales, devraient suffire pour interdire la circoncision masculine et féminine en Suisse. Malheureusement, ni le législateur suisse ni le législateur international n'acceptent une telle conclusion. Ils ne condamnent que la circoncision féminine et se taisent devant la circoncision masculine, principalement pour une raison politique: la peur d'être taxés d'antisémitisme. Signalons ici que ni la Déclaration universelle des droits de l'homme, ni la Convention européenne des droits de l'homme ne mentionnent expressément le droit à l'intégrité physique. Cet oubli n'est peut-être pas une coïncidence. Nous estimons que la distinction entre la circoncision masculine et la circoncision féminine n'est pas justifiable et viole le principe de la non-discrimination. Ni l'une ni l'autre ne devraient être pratiquées sur une personne mineure non consentante sans raison médicale réelle et actuelle, quelle que soit sa religion.

Normes musulmanes

Chez les chrétiens, on procède au baptême des enfants. Bien que selon la doctrine chrétienne le baptême empreigne une marque indélébile, elle ne laisse pas de trace physique comme la circoncision masculine pratiquée par les juifs, les musulmans et certains groupes chrétiens (100% en Égypte et 60% aux États-Unis). La circoncision féminine est aussi pratiquée chez les musulmans (selon des statistiques de 2014, 91% des femmes égyptiennes âgées entre 15 et 45 sont circoncises), les juifs falachas et certains groupes chrétiens (comme en Égypte). Ces groupes revendiquent ces coutumes au nom de la liberté religieuse et des droits culturels. Des milliers de femmes sont victimes d'excision en Occident, y compris en Suisse, et certaines familles envoient leurs filles à leurs pays d'origine pour être excisées (voir notre livre: Circoncision: le complot du silence https://goo.gl/ygdxuK).

3) Liberté d'expression

Normes suisses

L'article 16 de la Constitution affirme:
1) La liberté d'opinion et la liberté d'information sont garanties.
2) Toute personne a le droit de former, d'exprimer et de répandre librement son opinion.
3) Toute personne a le droit de recevoir librement des informations, de se les procurer aux sources généralement accessibles et de les diffuser.

Il serait cependant illusoire de croire que la liberté d'expression soit absolue. L'article 261 du Code pénal suisse punit d'une peine pécuniaire "celui qui, publiquement et de façon vile, aura offensé ou bafoué les convictions d'autrui en matière de croyance, en particulier de croyance en Dieu". D'autres limites sont prévues par l'article 261*bis* adopté le 18 juin 1993 et en vigueur depuis le 1er janvier 1995 relatif à la discrimination raciale.

Normes musulmanes

Le droit musulman impose des limites surtout dans le domaine touchant à la religion musulmane. Le Coran lui-même critique fortement les non-musulmans, tant polythéistes que monothéistes, dans de nombreux versets. Le premier chapitre du Coran, appelé Al-Fatiha, que le musulman doit répéter jusqu'à 17 fois par jour, dit:

> Dirige-nous vers le chemin droit. Le chemin de ceux que tu as gratifiés, contre lesquels [tu n'es] pas en colère et qui ne sont pas égarés (M-5/1:6-7).

Selon les exégètes musulmans, ceux contre lesquels Dieu est en colère sont les juifs, et les égarés sont les chrétiens. Ce qui constitue un véritable lavage de cerveau et un appel quotidien à la haine. Ceci est enseigné dans les écoles (voir notre ouvrage: La Fatiha et la culture de la haine https://goo.gl/uTJk7Z).

Aucune critique à l'égard de l'islam n'est autorisée. Les deux cas les plus médiatisés sont celui de Salman Rushdie contre lequel l'Imam Khomeini a issu le 14 février 1989 une fatwa de mise à mort à la suite de la publication de son ouvrage Les versets sataniques, et les caricatures de Mahomet parues le 30 septembre 2005 dans un quotidien danois. On peut aussi citer l'attaque contre le journal Charlie Hebdo le 7 janvier 2015 à Paris. Il s'agit de faits se déroulant en Occident. Et on ne parlera pas de nombreux cas de musèlement de la liberté d'expression dans les pays arabes et musulmans.

Concernant la Suisse, on peut signaler l'affaire Voltaire qui a débuté en juillet 1993, à l'occasion du tricentenaire de la naissance de Voltaire en 1694. Un metteur en scène français, Hervé Loichemol, adressa une demande de subvention à la Ville de Genève pour présenter une pièce de théâtre de Voltaire intitulée Mahomet ou le fanatisme. Les autorités genevoises chargées des affaires culturelles refusèrent de financer la pièce en argumentant: "Nous ne voulons pas porter offense à la communauté musulmane de Genève". Le producteur, vexé, organisa un débat public afin de discuter cette affaire avec des représentants des médias locaux, les autorités et la communauté musulmane. Les représentants de la Fondation culturelle islamique et ceux du Centre islamique de Genève se sont joints aux autorités de Genève contre le producteur français, et la pièce ne fut pas autorisée à être jouée.

Relevons ici que la Commission fédérale contre le racisme s'oppose à toute critique à l'égard de l'islam et a financé un colloque à l'Université de Fribourg le 27 juin 2017 sur *L'hostilité envers les musulmans*. Elle ne dit pas mot sur les normes et les pratiques discriminatoires musulmanes contre les non-musulmans. Raison pour laquelle certains réclament la dissolution de cette commission en raison de son attitude discriminatoire.

4) Liberté d'expression artistique

Normes suisses

L'art fait partie de la liberté d'expression. L'article 69 al. 1 de la Constitution dit que la culture est du ressort des cantons. L'alinéa 2 ajoute que "la Confédération peut promouvoir les activités culturelles présentant un intérêt national et encourager l'expression artistique et musicale, en particulier par la promotion de la formation".

L'article 67a insiste sur la formation musicale:

1) La Confédération et les cantons encouragent la formation musicale, en particulier des enfants et des jeunes.
2) Dans les limites de leurs compétences respectives, la Confédération et les cantons s'engagent à promouvoir à l'école un enseignement musical de qualité. Si les efforts des cantons n'aboutissent pas à une harmonisation des objectifs de l'enseignement de la musique à l'école, la Confédération légifère dans la mesure nécessaire.
3) La Confédération fixe, avec la participation des cantons, les principes applicables à l'accès des jeunes à la pratique musicale et à l'encouragement des talents musicaux.

Normes musulmanes

Le droit musulman a une position qui peut être considérée comme hostile à l'égard de l'art sous la plupart de ses formes: musique, chant, danse, sculpture, dessin, théâtre, cinéma. Inutile de rappeler la destruction des statues de Bouddha en Afghanistan et des statues en Irak et en Syrie, voire contre les croix et les statues religieuses dans les églises. Jusqu'à aujourd'hui, si l'on excepte le courant chiite, les pays musulmans s'opposent à la représentation des prophètes que ce soit au cinéma, au théâtre, dans les sculptures et les dessins. Des milieux religieux se sont aussi attaqués à des instruments de musique. Ces normes islamiques sont parfois invoquées en Occident par des parents musulmans qui refusent que leurs enfants apprennent la musique, le chant ou le dessin à l'école. Il y a eu plusieurs attaques de la part de musulmans contre des statues tant religieuses que non religieuses dans des pays occidentaux, y compris à Genève. Ces actes sont attribués souvent à des personnes jugées déséquilibrées, alors qu'ils se fondent sur des normes islamiques (voir notre ouvrage: L'Islam et la destruction des statues https://goo.gl/p49fgh).

5) Prières et jeûne de Ramadan

Normes suisses

L'article 15 de la Constitution dit à ses alinéas 3 et 4:

> 3) Toute personne a le droit d'adhérer à une communauté religieuse ou d'y appartenir et de suivre un enseignement religieux.
>
> 4) Nul ne peut être contraint d'adhérer à une communauté religieuse ou d'y appartenir, d'accomplir un acte religieux ou de suivre un enseignement religieux.

Normes musulmanes

Nous avons déjà vu que l'islam interdit l'apostasie. Celle-ci ne consiste pas seulement dans l'abandon de l'islam pour une autre religion, mais de prendre une position critique à l'égard de l'islam ou de l'une de ses pratiques. On parle "d'éléments nécessairement connus". Dès leur jeune âge, les enfants sont contraints par les parents à observer les pratiques religieuses, notamment la prière. Mahomet dit: "Commandez à vos enfants de prier dès l'âge de sept ans, et frappez-les à l'âge de dix ans". Des fatwas appliquent ce récit aussi en matière de jeûne.

La prière et le jeûne sont deux des cinq piliers de l'islam. Celui qui les abandonnent, en estimant qu'elles ne sont pas obligatoires, apostasie et est passible de la peine de mort. Quant à celui qui les abandonne par paresse, certains légistes prévoient de le tuer, et d'autres prévoient de le châtier et de l'emprisonner jusqu'à sa mort ou son repentir. Une fatwa saoudienne va jusqu'à permettre à un fonctionnaire de tuer son collègue de travail s'il n'observe pas la prière. Le code pénal mauritanien considère le refus de prier comme une apostasie méritant la peine de mort. De nombreux pays musulmans sanctionnent toute violation publique du jeûne, même par des non-musulmans. Les horaires à l'école et au travail sont allégés et aménagés pour répondre aux exigences religieuses pendant ce mois. Des musulmans essaient d'imposer le jeûne de Ramadan à leurs coreligionnaires même en Occident. Plusieurs incidents violents, voire mortels ont été rapportés par la presse.

Peut-on permettre à des élèves musulmans d'interrompre les cours pour accomplir leurs prières quotidiennes? Cette question ne s'est pas encore posée en Suisse, mais l'a été en Italie voisine lorsqu'un père pakistanais a demandé à la maîtresse d'école dans un village des environs de Bologne de permettre à sa fille de neuf ans de prier seule pendant quelques minutes. La réponse a été négative et a provoqué une polémique entre l'Église catholique, la communauté musulmane et l'Église évangélique, cette dernière soutenant la communauté musulmane.

Le jeûne de Ramadan pose aussi des problèmes. Certes, les travailleurs musulmans peuvent prendre leurs congés annuels pendant ce mois, mais ils ne sauraient demander un aménagement du temps de travail en fonction de ce mois. La ministre danoise à l'immigration et l'intégration a appelé les musulmans à prendre des congés pendant le Ramadan au nom de la sécurité au travail et de la productivité. La situation est encore plus difficile pour l'école puisque l'écolier ne pourra pas prendre congé pendant ce mois et ne saurait bénéficier d'un aménagement du temps de l'école. Il est reporté que des élèves musulmans exercent des pressions contre leurs collègues musulmans qui n'observent pas le jeûne de ramadan, en faisant le signe de l'égorgement à leur égard.

6) Lieux de culte et personnel religieux

Normes suisses

En Suisse, l'article 50 al. 1 de la Constitution de 1874 disait: "Le libre exercice des cultes est garanti dans les limites compatibles avec l'ordre public et les bonnes mœurs". La Constitution de 2000 ne prévoit pas expressément le libre exercice des cultes, mais cette liberté est comprise par l'article 15 al. 2 qui dit: "Toute personne a le droit de choisir librement sa religion ainsi que de se forger ses convictions philosophiques et de les professer individuellement ou en communauté".

Normes musulmanes

Dans les pays musulmans, il y a une confusion entre l'État et la religion. Une des fonctions de l'État est d'assurer la propagation de la religion musulmane et le respect des obligations religieuses par ses citoyens musulmans. L'entretien des lieux et du personnel de culte des musulmans est à la charge de l'État.

Le droit musulman garantit la liberté de culte aux minorités religieuses reconnues. Mais la situation diffère d'un pays à l'autre. Ainsi, en Égypte, il n'est pas toujours facile d'obtenir un permis pour construire ou réparer une église. L'Oman octroie gratuitement des terrains pour la construction d'églises. L'Arabie saoudite représente le cas extrême, en interdisant toute liberté de culte aux non-musulmans. Les milliers de chrétiens qui y travaillent n'ont pas le droit à une église et ne peuvent même pas se réunir dans un lieu privé pour prier en communauté. Ceux qui sont pris en "flagrant délit" sont arrêtés, emprisonnés et souvent déportés. Ceux qui tiennent à assister à des messes à Pâques ou à Noël, partent en vacances aux Émirats arabes unis, au Bahreïn ou à Abu Dhabi.

Aujourd'hui, les musulmans disposent en Suisse de quelques mosquées et de nombreux lieux de culte. Le personnel et les lieux de culte sont souvent financés par des pays musulmans qui cherchent à exercer un certain contrôle sur leurs ressortissants.

Un des objectifs visés par les musulmans en demandant la reconnaissance de l'islam par la Suisse est de pouvoir bénéficier de financement des lieux de cultes et la création d'une chaire pour les sciences musulmanes à la Faculté de Théologie dans un canton alémanique et une autre chaire dans un canton romand, "financées par les autorités suisses comme le sont les chaires pour les études hébraïques et chrétiennes". Il serait erroné de s'opposer à la formation des imams en Suisse. Les musulmans en Suisse sont venus pour y rester. Les laisser à la merci d'imams formés à l'étranger mettra tôt ou tard en péril la paix confessionnelle en Suisse. Pour cette raison, il serait plus sage d'autoriser une telle formation mais de contrôler scrupuleusement son contenu afin que cette formation soit en conformité avec les principes constitutionnels suisses notamment en matière de liberté religieuse et d'égalité entre les personnes quelle que soit leur sexe ou leur religion.

Une initiative populaire a été déposée le 8 juillet 2008, visant à introduire dans l'article 72 de la Constitution un troisième alinéa qui interdit la construction de minarets. Malgré le fait que le Parlement et le Conseil fédéral aient recommandé au peuple de rejeter cette initiative, et à la surprise des auteurs de cette initiative, le peuple suisse a voté en faveur de l'interdiction de la construction de minarets le 29 novembre 2009.

Chapitre VI
École et religion

L'école est le lieu par excellence de l'apprentissage du "vivre-ensemble". Mais c'est aussi le lieu où des résistances et des conflits mal gérés peuvent aboutir à des confrontations sociales. Nous aborderons ici quatre questions ayant trait à la religion et à l'école: l'enseignement religieux, les signes religieux distinctifs, la mixité et le contenu des cours.

1) Enseignement religieux

Normes suisses

La Suisse comporte autant de systèmes scolaires que de cantons. Nous nous limiterons ici au cadre général établi par la Constitution fédérale et le Code civil.

Comme signalé plus haut, les alinéas 3 et 4 de l'article 15 de la Constitution de 2000 indiquent:

> 3) Toute personne a le droit d'adhérer à une communauté religieuse ou d'y appartenir et de suivre un enseignement religieux.
>
> 4) Nul ne peut être contraint d'adhérer à une communauté religieuse ou d'y appartenir, d'accomplir un acte religieux ou de suivre un enseignement religieux.

L'al. 2 de l'article 62 ajoute: "Les cantons pourvoient à un enseignement de base suffisant ouvert à tous les enfants".

L'article 303 du Code civil stipule:

> 1) Les père et mère disposent de l'éducation religieuse de l'enfant.
>
> 2) Sont nulles toutes conventions qui limiteraient leur liberté à cet égard.
>
> 3) L'enfant âgé de seize ans révolus a le droit de choisir lui-même sa confession.

Le caractère confessionnellement neutre de l'école publique ne se limite pas à l'enseignement religieux, lequel ne doit pas être à caractère prosélytique, mais s'étend aussi à l'organisation de l'école et à l'attitude des instituteurs, comme nous le verrons dans les signes distinctifs à l'école. On peut déduire des normes fédérales suisses susmentionnées les trois principes fondamentaux suivants:

a) La Constitution garantit la liberté religieuse d'adhérer ou de ne pas adhérer à une communauté religieuse, de suivre ou de ne pas suivre un enseignement religieux.
b) Les père et mère disposent de l'éducation religieuse de l'enfant jusqu'à l'âge de 16 ans. À cet âge, l'enfant est libre de choisir lui-même sa confession.
c) La Constitution interdit l'enseignement religieux obligatoire dans les écoles publiques, lesquelles doivent être organisées dans le respect de la neutralité confessionnelle.

Normes musulmanes

L'enseignement religieux occupe une place importante dans les pays musulmans. Les parents ne peuvent pas dispenser leurs enfants de l'enseignement religieux, ni choisir la religion de leurs enfants. Si un des parents est musulman, les enfants sont considérés obligatoirement comme musulmans et éduqués selon cette religion, même en cas d'apostasie (abandon de l'islam) des parents.

Bien qu'étudiant sous le même toit, les élèves ne s'intéressent pas aux religions de leurs collègues. Il n'existe pas de réunions œcuméniques. Les bibliothèques des écoles gouvernementales ne contiennent pas de livres religieux chrétiens ou juifs. Cette fermeture à la religion des non-musulmans de la part des gouvernements contraste avec leur volonté de faire passer l'enseignement religieux musulman dans les manuels de langue arabe aux chrétiens comme aux musulmans. Cette fermeture découle de récits de Mahomet interdisant à ses compagnons de lire les livres religieux des autres. Plusieurs fatwas vont dans ce sens, et n'exceptent que ceux qui veulent répondre aux adeptes de ces religions.

Chaque société a son propre débat sur l'enseignement religieux à l'école dans le but d'éviter des confrontations religieuses et d'assurer la paix sociale. En Suisse, ce débat va s'amplifiant en raison du caractère cosmopolite grandissant de la société et du foisonnement des sectes.

Dans un dialogue avec Tariq Ramadan, Jacques Neirynck estime qu'on vivrait peut-être mieux le pluralisme religieux "si ce pluralisme était respecté dans les écoles. D'une part, des heures d'enseignement religieux où les enfants se séparent pour suivre l'enseignement de leur religion. D'autre part, à certains moments, on les fait se rencontrer pour que chacun connaisse la foi des autres". Tariq Ramadan répond à cette proposition:

> Il faut un débat de fond sur le contenu de cette formation. Les avis sont divergents et les sensibilités sont à fleur de peau sur ces questions. Il faut rester prudent et respecter les étapes avec un débat clair sur les objectifs.

Tariq Ramadan ne fait ici qu'énoncer le refus exprimé par les musulmans d'apprendre les religions des autres, par peur de prosélytisme alors que les cours imposés aux chrétiens dans les pays musulmans sont pleins d'éléments religieux musulmans.

Le problème avec l'islam est qu'il comporte des enseignements violents, discriminatoires envers les femmes et les non-musulmans. La Suisse a découvert avec effroi l'histoire de Majd qui, à l'âge de trois ans, devait apprendre deux heures par jour le Coran par sa maman réfugiée politique et qui finit dans les rangs de mouvements terroristes. La famille vit de l'aide sociale, qu'elle considère comme argent "volé aux musulmans". Argument souvent entendu de musulmans vivant à la traîne en Occident.

2) Signes religieux distinctifs

Normes suisses

En Suisse, chacun a le droit d'exhiber ses signes religieux pour marquer sa différence, et de se vêtir comme il l'entend à condition de ne pas heurter la pudeur publique, notion par ailleurs flexible. Cela n'a pas empêché les autorités suisses de trancher certains litiges. On tente surtout d'éviter que les signes religieux violent la neutralité de l'enseignement, notamment dans les écoles primaires. Une institutrice musulmane dans une école publique du canton de Genève a été interdite de porter le voile. Cette affaire concerne une ressortissante suisse devenue musulmane, mariée à un ressortissant algérien. Le 23 août 1996, la direction générale de l'enseignement primaire interdit à l'enseignante le port du foulard dans l'exercice de ses activités et responsabilités professionnelles. L'institutrice forma un recours contre cette décision auprès du Conseil d'État de Genève le 26 août 1996, lequel rejeta le recours par arrêté du 16 octobre 1996, décision confirmée par le Tribunal fédéral, et la Cour européenne des droits de l'homme dans sa décision du 15 février 2001. Il y a aussi la question de la sécurité, certaines personnes pouvant se déguiser pour commettre des actes répréhensibles. Signalons ici qu'un millionnaire algérien se porte volontaire à payer les amendes infligées à des femmes portant le niqab, en France, en Belgique et en Suisse qui ne prennent pas de mesure contre lui. Ceci constitue une incitation à la violation des lois.

Normes musulmanes

Les normes vestimentaires musulmanes obéissent à deux considérations religieuses: l'interdiction de ressembler aux mécréants et les restrictions prescrites en matière de pudeur.

L'interdiction de ressembler aux mécréants se base sur un récit de Mahomet qui affirme: "Celui qui ressemble à un groupe en fait partie". On cite aussi les deux versets coraniques suivants:

> Ceci est mon chemin droit, suivez-le. Ne suivez pas les voies, qui vous séparaient alors de sa voie (H-55/6:153).

> Ne soyez pas comme ceux qui ont oublié Dieu, et il leur a fait oublier leurs propres personnes. Ceux-là sont les pervers (H-101/59:19).

Concernant la pudeur, à partir du Coran et des récits de Mahomet, les légistes classiques ont conclu que certaines parties du corps humain sont *'awrah* (litt.: borgnes, défectueuses, répugnantes) ou *saw'ah* (litt.: mauvaises, laides). Il est interdit de les exposer ou de les regarder. Le but de cette interdiction est de dresser des barrières à la tentation de débauche. Les femmes étant perçues comme l'objet de tentation suprême, le droit musulman prévoit des normes plus strictes à leur égard. On peut se demander ici pourquoi il faut voiler les femmes et non les hommes, alors que les deux peuvent susciter une tentation! L'application de cette norme diffère d'un pays à l'autre, allant du port d'un simple foulard sur la tête au voile intégral et à la burqa. Mais de nombreuses musulmanes restent sans voile (voir notre ouvrage: Le voile dans l'islam https://goo.gl/wKuTnW).

3) Mixité

Normes suisses

La Suisse pratique la mixité du jardin d'enfant jusqu'à l'université, dans les transports publics, le sport et les excursions scolaires. Il n'existe pas d'intouchables pour raison d'appartenance religieuse ou de sexe. La coutume veut que les hommes et les femmes se donnent la main pour se saluer, et parfois s'embrassent, même si sur ce point on remarque des différences culturelles entre citadins et paysans, etc.

L'article 68 de la Constitution affirme à son alinéa 1 que la Confédération encourage le sport, en particulier la formation au sport (al. 1), et "peut légiférer sur la pratique du sport par les jeunes et déclarer obligatoire l'enseignement du sport dans les écoles" (al. 3).

Normes musulmanes

Le droit musulman a établi des normes interdisant la mixité entre hommes et femmes. Cette interdiction s'étend aux écoles, et parfois aux universités dans un pays comme l'Arabie saoudite. Si l'Université égyptienne étatique, contrairement à l'Université de l'Azhar, permet la mixité, cette situation est critiquée par les milieux musulmans et il arrive que des intégristes imposent la séparation entre étudiants et étudiantes au sein des salles de cours.

L'interdiction de la mixité influence les activités sportives, notamment la natation, du fait que les hommes et les femmes exposent des parties de leurs corps interdites à voir par l'autre sexe. On relève à cet égard que l'Iran organise des compétitions sportives réservées uniquement aux femmes. Ces règles ne sont pas respectées partout, surtout sur les plages, ce qui ne manque pas de provoquer la colère des milieux islamistes.

La presse rapporte plusieurs incidents en Occident, dont la Suisse, impliquant des parents musulmans qui refusent que leurs filles participent à des excursions mixtes, ne permettant que les activités scolaires obligatoires. Il y a eu plusieurs affaires liées à la piscine. Des groupes musulmans réclament des piscines séparées. La Municipalité de Lausanne n'a pas octroyé la bourgeoisie communale, et de facto la naturalisation, à un couple qui a notamment refusé de serrer la main à ses interlocuteurs de sexe opposé et ont refusé de répondre aux questions de personnes de genre différent. Pour la majorité du collège, cette attitude ne respecte pas "un principe fondamental de notre Constitution et un pilier de notre société, soit l'égalité entre hommes et femmes".

4) Contenu des cours

Normes suisses

La Constitution suisse affirme le principe de la neutralité des cours. Les cours ne doivent pas servir comme moyen pour faire du prosélytisme, ni obéir à des considérations religieuses.

Normes musulmanes

Si les musulmans ont contribué au progrès des sciences et de la philosophie, on a toujours observé, comme en Occident, un conflit entre les milieux religieux et les savants. Il suffit ici de rappeler l'affaire Galilée (d. 1642) à qui l'Église a interdit en 1633 d'enseigner la théorie de la rotation de la Terre autour du Soleil. Le même problème s'est posé chez les musulmans à notre époque. Ibn-Baz (d. 1999), la plus haute autorité religieuse saoudienne, a répété que la théorie de la rotation de la Terre autour du Soleil contredit le Coran. Celui qui la professe mérite, par conséquent, d'être mis à mort pour apostasie.

D'autres sujets rencontrent des réticences tant chez des chrétiens que chez les musulmans. C'est notamment le cas de la théorie évolutionniste de Darwin que des intégristes chrétiens et musulmans voudraient bannir de l'école. Des milieux islamistes réclament de jeter aux oubliettes les écrits de philosophes musulmans tels qu'Averroès. Nous avons aussi vu que les musulmans ont l'interdiction de lire les livres des autres religions.

Le problème du contenu des cours ne s'est pas encore posé de façon explicite. Mais on signalera ici une polémique autour de Tariq Ramadan qui écrit dans un livre:

> Les cours de biologie peuvent contenir des enseignements qui ne sont pas en accord avec les principes de l'islam. Il en est d'ailleurs de même des cours d'histoire ou de philosophie. Il ne s'agit pas de vouloir en être dispensé. Bien plutôt, il convient d'offrir aux jeunes, en parallèle, des cours de formation qui leur permettent de connaître quelles sont les réponses de l'islam aux problématiques abordées dans ces différents cours. Ce sera là un vrai facteur d'enrichissement.

En France, le Haut conseil à l'intégration considère le contenu des cours parmi les principes intangibles et qu'il "ne serait pas tolérable que des élèves ou des parents récusent, au nom d'une croyance religieuse, telle ou telle partie des programmes concernant la biologie, la littérature, la philosophie voire le dessin ou globalement l'éducation physique".

Chapitre VII
Interdits alimentaires et abatage rituel

1) Droits des animaux

Normes suisses

La Constitution suisse consacre aux animaux l'article 80:

1) La Confédération légifère sur la protection des animaux.

2) Elle règle en particulier:

a. la garde des animaux et la manière de les traiter;

b. l'expérimentation animale et les atteintes à l'intégrité d'animaux vivants;

c. l'utilisation d'animaux;

d. l'importation d'animaux et de produits d'origine animale;

e. le commerce et le transport d'animaux;

f. l'abattage des animaux.

3) L'exécution des dispositions fédérales incombe aux cantons dans la mesure où elle n'est pas réservée à la Confédération par la loi.

La loi fédérale sur la protection des animaux de 2005 est parmi les lois les plus strictes et vise à protéger la dignité et le bien-être de l'animal (article 1). Elle précise que "personne ne doit de façon injustifiée causer à des animaux des douleurs, des maux ou des dommages, les mettre dans un état d'anxiété ou porter atteinte à leur dignité d'une autre manière. Il est interdit de maltraiter les animaux, de les négliger ou de les surmener inutilement" (article 4, al. 2). Les normes relatives à l'abattage des animaux tendent à assurer le respect de ces principes. Nous y reviendrons plus loin.

Contrairement au droit juif et au droit musulman, le droit suisse ne connaît pas la notion d'animaux purs et d'animaux impurs. Il ne connaît non plus la notion de vache sacrée comme dans l'hindouisme, et n'interdit pas l'abattage des animaux comme dans le jaïnisme.

Normes musulmanes

Qui visite certains pays musulmans, pour ne pas dire tous les pays musulmans, reste choqué par la maltraitance dont sont victimes les animaux. Quelle est l'influence des normes musulmanes dans ce domaine?

Le Coran compte plusieurs versets sur les animaux, et cinq chapitres portent d'ailleurs pour titre des noms d'animaux: la vache, l'éléphant, les fourmis, l'araignée et les abeilles. Il dit qu'ils forment une nation comme les humains (M-55/6:38) et se prosternent devant Dieu (M-70/16:49), et que Dieu prévoit la subsistance pour chaque animal (M-52/11:6 et M-85/29:60).

Toutefois, il donne une image négative aussi bien de l'âne que du chien.

> Ceux chargés de la Torah, mais qui ne s'en sont pas chargés, ressemblent à l'âne chargé de livres. Quelle détestable ressemblance que celle des gens qui ont démenti les signes de Dieu! Dieu ne dirige pas les gens oppresseurs (H-110/62:5).
>
> Sois modéré dans ta marche, et baisse ta voix. La plus répugnante des voix est la voix des ânes (M-57/31:19).
>
> Si nous avions voulu, nous l'aurions élevé par eux. Mais il s'attacha à la terre et suivit ses désirs. Il ressemble à un chien. Si tu portes contre lui il halète, ou si tu le laisses il halète aussi. Voilà la ressemblance des gens qui ont démenti nos signes. Narre la narration. Peut-être réfléchiront-ils! Quelle mauvaise ressemblance que celle des gens qui ont démenti nos signes et qui se sont opprimés eux-mêmes! (M-39/7:176-177)

Cette image négative à propos du chien et de l'âne est véhiculée dans le langage courant. On utilise leur nom comme une insulte et il entre dans plusieurs comparaisons péjoratives sous forme de proverbes. Mahomet aurait dit à cet égard: "Ne mettez pas les perles dans la bouche d'un chien", ce qui rappelle la parole du Christ: "Ne jetez pas vos perles devant les porcs" (Matthieu 7:6). Il aurait au dit: "Trois interrompent la prière: la femme, l'âne et le chien". Plusieurs récits de Mahomet demandent de tuer certains chiens et disent que les anges n'entrent pas des maisons dans lesquels ils se trouvent. Il aurait aussi dit: "Celui qui garde chez lui un chien voit chaque jour le salaire de ses bonnes actions diminuer d'un *qirat*, sauf un chien de chasse ou pour garder les troupeaux et les champs". Des récits ordonnent de tuer aussi les serpents, les corbeaux, les rats et les lézards.

Ces récits expliquent, en partie au moins, l'hostilité de certains musulmans envers les animaux, notamment les chiens, et sont à la base de conflits entre des couples mixtes, le mari musulman refusant que sa femme ait un chien à la maison. Mais cela va plus loin encore. Des chauffeurs de bus publics et de taxis musulmans dans plusieurs villes occidentales refusent des voyageurs accompagnés de chiens. Des musulmans auraient aussi empoisonné des chiens en Espagne. Mais on trouve aussi des musulmans qui possèdent des chiens, bravent l'interdiction islamique.

Certains animaux sont déclarés comestibles, d'autres ne le sont pas pour différentes raisons, dont l'impureté; nous en parlerons dans le point suivant.

2) Interdits alimentaires

Normes suisses

La majorité des Suisses mange la viande et boit de l'alcool. On trouve aussi des végétariens et des végans, ainsi que des gens qui ne consomment pas de vin, tout en n'étant pas musulmans. Les normes suisses n'interdisent ni les uns ni les autres. Il n'existe pas de normes interdisant la consommation d'une catégorie particulière d'animaux. Une pétition a été lancée en 2014 contre la viande de chiens et chats, dont la consommation, bien qu'admise en privé, est interdite dans un cadre commercial. D'autre part, tous les animaux qui n'appartiennent pas à une espèce pouvant être chassée sont protégés.

La Suisse est influencée par les normes alimentaires chrétiennes qui ont aboli les normes restrictives établies par l'Ancien Testament, normes reprises par le Coran. On trouve une ébauche de cette abolition chez Jésus qui déclara: "Il n'est rien d'extérieur à l'homme qui, pénétrant en lui, puisse le souiller, mais ce qui sort de l'homme, voilà ce qui souille l'homme", à savoir "les desseins pervers". Et Marc de commenter: "ainsi il déclarait purs tous les aliments" (Mc 7:15, 19-22). St. Paul écrit dans sa première épître aux Corinthiens: "Tout ce qui se vend au marché, mangez le sans poser de question" (1 Co 10:25). Dans son épître aux Romains, il écrit: "Rien n'est impur en soi, mais seulement pour celui qui estime un aliment impur; en ce cas il l'est pour lui ... Le règne de Dieu n'est pas affaire de nourriture ou de boisson, il est justice, paix et joie dans l'Esprit Saint" (Rm 14: 14 et 17).

Normes musulmanes

Les normes musulmanes reprennent en partie les normes juifs que nous résumons ici. Ne sont considérés comme purs que les mammifères ruminants ayant des sabots fourchus, ainsi que leur lait (Dt 14:6), et les animaux aquatiques ayant des nageoires et des écailles (Lv 11:9-12). Les oiseaux sont purs à l'exception de 24 espèces considérées impures (Lv 11:13-19 et Dt 14:12-18). Les autres espèces comme les rongeurs, les reptiles, les batraciens, les insectes et les invertébrés sont impures, à l'exception de quatre sortes de sauterelles (Lv 11:22). Le vin et les alcools à base de vin comme le cognac sont des produits purs et peuvent être consommés s'ils sont fabriqués sous le contrôle d'un rabbin et ne sont pas manipulés par un non-juif. Sont interdits les animaux et le vin dédiés aux libations d'un culte idolâtre, le sang (Dt 12:23), ainsi que les mammifères et les oiseaux morts de mort naturelle ou abattus de façon non rituelle. Il est interdit de mélanger la viande (et ses dérivés) et le lait (et ses dérivés).

Les musulmans ne connaissent pas la distinction entre les mammifères ruminants à sabots fourchus et les autres. Comme les juifs, ils interdisent le porc (M-55/6:145; M-70/16:115; H-87/2:173; H-112/5:3) et les équins - cheval, mulet et âne (M-70/16:8), et permettent les ovins, les bovins et les chameaux – ces derniers étant interdits pour les juifs puisqu'ils n'ont pas de sabots fourchus (M-41/36:71-73; M-55/6:143; M-70/16:5). Selon l'opinion dominante, la viande de tout animal ayant des canines dont il se sert pour attaquer d'autres animaux comme le lion, le tigre ou le loup est illicite. Le rat est interdit alors que le hérisson et le porc-épic sont permis selon l'opinion dominante. Le lapin, interdit chez les juifs et les chiites, est licite chez les sunnites. L'opinion dominante interdit de manger les oiseaux rapaces ayant des griffes et la chauve-souris. Le Coran permet de manger des animaux aquatiques (M-43/35:12; M-70/16:14; H-112/5:96). L'opinion dominante chez les chiites suit la classification biblique, ne permettant que les animaux aquatiques qui ont des écailles, estimant que tout poisson à écailles a des nageoires. Si l'animal aquatique n'est pas un poisson ou ne ressemble pas à un poisson, les hanafites le considèrent comme illicite et les autres comme licite sauf si exclu expressément (comme la grenouille), ou exclu à cause de sa nature venimeuse (comme l'anguille), de son agressivité (comme le crocodile), ou de son immondice (comme la tortue de mer). Et si un animal vit en partie dans l'eau et une partie sur terre, il doit être égorgé pour qu'il devienne licite. Certains légistes interdisent de manger un animal aquatique ressemblant à un animal terrestre interdit. C'est le cas du dauphin (appelé porc de mer), du requin (appelé chien de mer) et de l'anguille (appelé serpent de mer). Bien que la chasse soit permise, le Coran interdit de chasser du gibier pendant la période de pèlerinage (H-112/5:2 et 95-94).

Il est interdit de manger de la viande d'un animal mort, et de ce qui a été consacré à un autre qu'Allah (M-55/6:145, M-70/16:115; H-87/2:173, H-112/5:3). Le verset H-112/5:3 précise: "la bête étouffée, assommée, abîmée, encornée et mangée par un fauve, sauf celle que vous immolez". Mahomet a ordonné de tuer certains animaux comme le serpent, le corbeau, le rat, le chien qui agresse et le dab (sorte de lézard), et il a interdit de tuer certains autres comme la grenouille, la fourmi, l'abeille, la huppe, la pie grièche, la perdrix et la chauve-souris. Ces deux catégories ne peuvent pas être mangées. Mais certains juristes disent que ce qui peut être tué devrait être comestible. Le Coran interdit de se nourrir avec du sang (M-55/6:145; M-70/16:115; H-87/2:173; H-112/5:3).

Sont licites les boissons ainsi que le lait des animaux qui sont considérés comme purs. Font exception le vin et les boissons alcoolisées qui en découlent (H-87/2:219; H-92/4:43; H-112/5:9). L'interdiction faite de consommer de l'alcool s'étend aussi à la drogue dans la mesure où elle a le même effet, voire un effet plus dangereux que l'alcool.

On constate de ce qui précèdent que les juifs et les musulmans ont des interdits communs, notamment l'interdiction de consommer du porc, et divergent sur d'autres, notamment en ce qui concerne l'alcool. D'autre part, les deux exigent un abattage rituel, dont nous parlerons dans le point suivant.

Sur le plan des interdits alimentaires, deux sont mis en avant: le porc et le vin, en plus de la viande halal.

Certes, on ne peut forcer un musulman à boire du vin et à consommer du porc, mais cette interdiction peut avoir des conséquences sur le lieu de travail, dans les cantines scolaires et les restaurants. Des employés musulmans dans des magasins ou des restaurants refusent de travailler dans les rayons où ces deux produits sont vendus ou de les servir. Certains refusent de s'asseoir à une table où le vin et le porc sont servis.

3) Abattage rituel

Normes suisses

Le 20 août 1893 fut adopté en Suisse l'article constitutionnel 25*bis* qui énonce: "Il est expressément interdit de saigner les animaux de boucherie sans les avoir étourdis préalablement."

L'interdiction de l'abattage sans étourdissement préalable fut maintenue par la loi sur la protection des animaux du 9 mars 1978, exception faite pour la volaille. Elle fut réaffirmée par l'ordonnance du 27 mai 1981, ordonnance modifiée le 14 mai 1997.

Les autorités fédérales et la doctrine en Suisse ont soutenu généralement l'idée que l'interdiction de l'abattage sans étourdissement préalable est une atteinte à la liberté religieuse des juifs et des musulmans, dont les normes exigeraient, d'après eux, que l'animal ne soit pas étourdi avant d'être saigné. Certains y voient une manifestation d'antisémitisme.

Le Conseil fédéral a remis en question l'interdiction d'abattre les animaux sans étourdissement préalable dans l'avant-projet de loi sur la protection des animaux soumis à la consultation le 21 septembre 2001. Ceci a suscité une vive opposition, obligeant le Conseil fédéral à modifier son avant-projet, maintenant l'interdiction de l'abattage avant étourdissement préalable. L'article 21 de la loi fédérale sur la protection des animaux adoptée par le Parlement le 16 décembre 2005, entrée en vigueur le 1er septembre 2008, dispose désormais:

> 1) Les mammifères ne peuvent être abattus que s'ils sont étourdis avant d'être saignés.

2) Le Conseil fédéral peut prescrire l'étourdissement pour l'abattage d'autres animaux.

Sollicité à donner son opinion, l'Institut suisse de droit comparé a conclu dans ses deux avis 01-150 et 01-162 (respectivement du 18 et du 19 décembre 2001) ce qui suit:

La Suisse, en exigeant l'étourdissement des animaux avant l'abattage, ne heurte pas des normes religieuses juives ou musulmanes si l'étourdissement ne provoque pas la mort de l'animal (pour les juifs et les musulmans) et ne le blesse pas (pour les juifs).

Ces deux avis, dont je suis l'auteur, ont certainement contribué à la modification de l'avant-projet fédéral, en invalidant le postulat sur lequel il se basait. Les arguments avancés par l'Institut sont indiqués dans le point suivant.

Normes juives et musulmanes

Le droit juif a deux sources: L'Ancien Testament et le Talmud. Le droit musulman a aussi deux sources: le Coran et la Sunnah de Mahomet. Ces sources ne comportent pas de règles contraignantes qui prescrivent l'abattage sans étourdissement ou interdisent la consommation de viande issue d'animaux qui ont été étourdis avant la saignée. Cela s'explique par le fait que l'étourdissement est un procédé tardif lié à l'évolution des mœurs, notamment en ce qui concerne le respect dû à l'animal et au souci de ne pas lui causer une souffrance inutile. Les autorités religieuses juives et musulmanes discutent cependant de l'étourdissement à partir de trois normes indirectes, à savoir: l'interdiction de consommer du sang; l'interdiction de manger de la viande d'un animal mort ou déchiré; le respect de l'animal. Voyons ces normes.

L'Ancien Testament interdit la consommation du sang (Genèse 9:4; Lévitique 17:12-14 et Deutéronome 12:23-24). Cette interdiction est également prévue par le Nouveau Testament (Actes des apôtres 15:20 et 29) et par le Coran (M-55/6:145; M-70/16:115; H-87/2:173; H-112/5:3). En vertu de cette interdiction, l'animal doit être vidé de son sang après avoir été égorgé, à l'exception du poisson.

L'interdiction de consommation du sang est un des arguments utilisés par les autorités fédérales dans l'avant-projet pour justifier la levée de l'interdiction de l'abattage sans étourdissement. Si en effet l'étourdissement de l'animal empêche l'écoulement du sang, on peut considérer l'étourdissement comme contraire aux normes religieuses juives et musulmanes. Mais ceci n'est pas démontré. Le Docteur Samuel Debrot soutient même le contraire.

La Bible interdit de manger de la viande de bête morte, déchirée par un fauve ou avariée (Exode 22:30; Deutéronome 14:21; Lévitique 17:15-16;

Lévitique 22:8; Ézéchiel 4:14). Pour les juifs, l'animal doit être vivant lorsqu'il est saigné. En plus, il faut qu'il ne soit pas blessé. Et c'est de ces deux exigences que les milieux juifs opposés à l'étourdissement tirent leurs arguments.

L'interdiction de manger de la viande d'un animal mort, prescrite aussi par le Nouveau Testament (Actes des apôtres 15:20 et 29) se retrouve également dans le Coran aux versets susmentionnés. Les légistes musulmans estiment que tant que l'animal donne signe de vie, il peut être saigné et sa viande est à considérer comme licite; en le saignant, on le purifie. Le gibier mort au cours de la chasse est licite même s'il n'a pas été saigné, sauf si l'opportunité de le saigner s'était présentée, mais n'avait pas été saisie (H-112/5:4). Plusieurs fatwas musulmanes affirment que l'étourdissement de l'animal n'aboutit pas nécessairement à la mort de l'animal. Un auteur musulman va jusqu'à citer le Coran: "Lorsque son Seigneur se manifesta à la montagne, il l'écrasa, et Moïse tomba foudroyé" (M-39/7:143). Bien que foudroyé, Moïse n'en est pas mort. Si donc l'étourdissement de l'animal n'aboutit pas à sa mort avant qu'il ne soit saigné, il est licite du point de vue du droit musulman. Des sources musulmanes évoquent l'expérience de la Nouvelle-Zélande qui recourt à l'électronarcose. L'animal électrocuté ne sent pas la souffrance ou le stress avant d'être saigné, et s'il est laissé non-saigné il se rétablit complètement.

En ce qui concerne le respect de l'animal, la consommation de la viande implique la mise à mort de l'animal dont elle provient. Si toute mort est cruelle, cette cruauté peut avoir différents degrés et il convient de réduire cette cruauté au minimum et de ne pas faire souffrir l'animal inutilement. Or, les juifs et les musulmans sont d'accord pour affirmer que l'animal ne doit pas être exposé à des souffrances inutiles.

Les autorités religieuses juives opposées à l'étourdissement de l'animal estiment que la méthode juive d'abattre les animaux est plus appropriée pour réduire la souffrance de l'animal, et que l'étourdissement provoque une souffrance inutile supplémentaire. Ce point de vue juif est loin d'être partagé par les différentes sociétés de protection des animaux, la Société des vétérinaires suisses, l'Union suisse des maîtres-bouchers, le Conseil fédéral, l'Office fédéral vétérinaire et les législateurs des pays occidentaux qui imposent l'étourdissement des animaux avant la saignée pour réduire la souffrance de l'animal. Les autorités religieuses musulmanes favorables à l'étourdissement admettent que celui-ci réduit la souffrance de l'animal et, de ce fait, il répond à l'injonction de Mahomet: "Dieu a prescrit la bonté en toute chose. Si vous tuez, faites-le avec bonté, et si vous saignez un animal, faites-le avec bonté". C'est la raison pour laquelle ces autorités ne s'opposent pas à l'étourdissement de l'animal à condition qu'il ne provoque pas la mort de celui-ci avant d'être saigné.

Une remarque s'impose ici. Les professeurs de droit et le Conseil fédéral invoquent le respect de la liberté religieuse des minorités juive et musulmane en faveur de la levée de l'interdiction de l'étourdissement malgré l'absence de règles religieuses contraignantes qui s'opposent à un tel étourdissement. Il est cependant un aspect dont il faut tenir compte également, celui de la liberté de conviction des adversaires de l'abattage sans étourdissement. Il faut en effet savoir que les juifs abattent plus d'animaux qu'ils ne consomment de viande. Ceci pour deux raisons: d'une part, les animaux saignés peuvent être déclarés comme non casher après avoir été abattus; d'autre part, les juifs ne mangent pas la partie inférieure, en raison de l'interdiction de consommer le nerf sciatique (Genèse 32:33), qui est difficile et coûteux à enlever entièrement. La viande des animaux abattus sans étourdissement, et classifiée comme inconsommable par les juifs, est vendue sur le marché, généralement sans indication. Or, si les professeurs de droit et le Conseil fédéral ont le souci de respecter les convictions religieuses des minorités juive ou musulmane (malgré l'absence de règles religieuses contraignantes), il est tout aussi important de respecter les convictions de ceux qui refusent l'abattage sans étourdissement et qui réclament que les emballages indiquent la manière dont l'animal a été abattu.

Pour conclure, on peut dire que l'étourdissement des animaux avant la saignée ne va contre aucune norme juive ou musulmane. La bataille des juifs, des musulmans et du Conseil fédéral visant à autoriser l'abattage rituel cache en réalité une visée économique. Les juifs et les musulmans veulent faire de la viande cacher et halal un label pour attirer les clients et un moyen pour gagner de l'argent. Un auteur signale que l'Association consistoriale israélite de Paris a un budget annuel de l'ordre de 150 millions francs français. Environ la moitié provient du "droit de couteau". On multiplie les normes pour multiplier les leviers de commande et les taxes. En ce qui concerne le Conseil fédéral, en supprimant l'interdiction de l'abattage rituel, il cherchait à exporter la viande suisse vers les pays musulmans au lieu d'importer de la viande de la France voisine pour nourrir les juifs et les musulmans en Suisse. Quant à la position des professeurs contre l'interdiction de l'abattage rituel, elle est motivée tout simplement par leur ignorance des normes tant juives que musulmanes.

Chapitre VIII
Cimetières

On estime qu'entre 90 et 95% des musulmans décédés en Suisse sont rapatriés dans leurs pays d'origine, pour un coût pouvant atteindre jusqu'à 15'000.- Sfr. Pourquoi un tel rapatriement? Des musulmans répondent que la Suisse ne leur accorde pas le droit de s'y faire enterrer selon leurs normes. Quelles sont ces normes?

1) Séparation des morts

Normes suisses

Pour mettre fin au conflit entre catholiques et protestants, l'article 53 al. 2 de la Constitution de 1874 stipulait: "Le droit de disposer des lieux de sépulture appartient à l'autorité civile. Elle doit pourvoir à ce que toute personne décédée puisse être enterrée décemment".

Dans une interprétation de l'article 53 al. 2 en 1875, le Conseil fédéral affirmait simplement le principe de la décence, permettant que les communes décident de la présence de cimetières séparés ou de division du cimetière entre les différentes communautés, par peur de froisser le public. Il ne voyait pas de nécessité de faire une loi unique. Très vite, il a penché pour l'unification des cimetières, au point de présenter un projet visionnaire en 1880 visant à mettre fin à la séparation dans les cimetières dans les dix ans. Mais le Conseil fédéral y renonça laissant au temps de remédier à ce problème. Ceci s'est réalisé pour les catholiques, les protestants et autres groupes religieux, mais des juifs et des musulmans rejettent la cohabitation entre les morts. Nous examinerons seulement les normes musulmanes (pour d'autres développements, voir notre ouvrage: Cimetière musulman en occident: normes juives, chrétiennes et musulmanes: https://goo.gl/84g4Lk).

La disposition de l'article 53 al. 2 de la Constitution de 1874 a malheureusement disparu de la Constitution de 2000. Le message du Conseil fédéral justifie cette omission par le fait que le droit à une sépulture décente est couvert par l'article 7 qui stipule: "La dignité humaine doit être respectée et protégée".

Normes musulmanes

Le droit musulman prescrit entre les morts la division qui existe entre les vivants. Les musulmans doivent être enterrés dans un cimetière qui leur est propre, et il est interdit d'enterrer un "mécréant" avec eux. Selon Mahomet, le mort subit le châtiment ou jouit de la félicité déjà dans la tombe. De ce fait, il faut éviter de mettre un croyant près d'un "mécréant" pour qu'il ne souffre pas de son voisinage. Concernant les musulmans séjournant en "Terre de mécréance", après un long débat, l'Académie du droit musulman qui dépend de l'Organisation de la conférence islamique a décidé que l'enterrement dans le cimetière des mécréants n'est possible qu'en cas de nécessité.

Le problème refait surface périodiquement, notamment à cause des musulmans qui réclament des cimetières ou tout au moins des carrés séparés, invoquant l'exception faite aux juifs dans certaines communes, la liberté religieuse et le droit à un enterrement décent, évitant soigneusement d'indiquer les raisons profondes, discriminatoires, qui motivent une telle demande, à savoir le refus de se retrouver près d'un mécréant. Plusieurs cantons ont déjà été confrontés à ce problème, dont Genève, Berne, Bâle-Ville et Zurich.

Rappelons ici que le Coran interdit de prier pour les morts mécréants et d'être présents à leurs funérailles: "Ne prie jamais sur aucun mort parmi eux, et ne te lève pas auprès de sa tombe. Ils ont mécru en Dieu et en son envoyé, et ils sont morts en étant pervers" (H-113/9:84); "Il n'était pas au Prophète et à ceux qui ont cru de demander pardon pour les associateurs, même s'ils étaient des proches, après qu'il leur a été manifeste, qu'ils sont les compagnons de la géhenne (H-113/9:113). Les responsables religieux musulmans à Bruxelles ont refusé de prendre part à une cérémonie en l'honneur des victimes des attentats du fait que des mécréants en faisaient partie.

2) Direction de la tombe

Normes suisses

Lorsque les fosses sont creusées les unes à la suite des autres, selon un ordre préétabli, la norme islamique pose un problème quant à l'ordre à respecter dans les cimetières. Les cantons et les communes ont le droit, voire le devoir, de prescrire un tel ordre. Il en va de la décence de la sépulture. D'autre part, comme les morts sont enterrés sans distinction de religion, modifier l'orientation de la tombe d'un musulman dans une ligne, outre la disharmonie engendrée dans le cimetière, constitue une distinction entre les morts sur la base de la religion.

Normes musulmanes

Au début, Mahomet se tournait dans sa prière vers Jérusalem comme le font les juifs. Mais seize mois après son arrivée à Médine, il décida de remplacer la direction de Jérusalem par celle de la Kaaba, à la Mecque, pour se démarquer des juifs. Les musulmans croient que la Kaaba fut construite par Abraham comme sanctuaire pour le culte de Dieu. Elle constitue l'objet le plus sacré chez les musulmans après le Coran.

Dans l'aide-mémoire de la Fondation des cimetières islamiques suisses, il est noté que les tombes doivent être orientées selon l'axe 40°-220°, et que le corps doit être étendu sur le côté droit de telle sorte que le visage soit orienté à 130° (direction de la Mecque).

Même si une commune déroge à l'ordre dans le cimetière pour avoir des tombes dirigées vers la Kaaba, comme souhaité par les musulmans, ou si la direction des tombes correspond à la direction de la Kaaba, les musulmans n'acceptent pas pour autant de se faire enterrer près d'un "mécréant".

3) Permanence des tombes

Normes suisses

Les tombes sont désaffectées après un certain laps de temps pour laisser la place à d'autres morts. Mais on admet l'achat de concession pour une durée plus longue.

Normes musulmanes

Le Coran ne dit rien concernant la permanence et la désaffectation des tombes. On rapporte cependant que Mahomet avait désaffecté des tombes de polythéistes pour y construire sa propre mosquée à Médine. Certains récits de Mahomet incitent au respect des tombes. Ainsi il aurait interdit de marcher avec des souliers de cuir parmi les tombes. Il aurait aussi dit: "Casser les os d'un mort est comme casser les os d'un vivant"; "Celui qui s'assoit sur une tombe, c'est comme celui qui s'assoit sur un brasier".

Avec l'expansion de l'urbanisation, les pays musulmans se sont demandé s'il était possible de désaffecter les tombes. Plusieurs fatwas ont été émises à ce sujet, acceptant aussi bien la réutilisation des tombes que la désaffectation totale des cimetières pour en faire un terrain agricole, pour y construire des bâtiments ou pour y faire passer des routes.

Une feuille de la Fondation culturelle islamique indique: "Il est strictement interdit de déterrer un mort sans une raison impérieuse, comme par exemple si la toilette du défunt n'a pas été faite ou s'il n'a pas de linceul". L'aide-mémoire de la Fondation des cimetières islamiques suisses dit: "L'exhumation est exclue; de telle sorte qu'il est nécessaire d'acquérir une concession perpétuelle". Les musulmans ont fini par céder sur la condition de la concession perpétuelle à Berne et à Bâle-Ville. Les tombes musulmanes, comme toutes les tombes à la ligne, peuvent être réutilisées après vingt ans, sans évacuation des ossements. Mais cette réutilisation est limitée à des musulmans puisque les musulmans refusent d'être enterrés avec des "mécréants".

4) Incinération

Normes suisses

Lors de la rédaction de la Constitution de 1874, la question de l'incinération n'a pas été évoquée. De ce fait, l'article 53 al. 2 de la Constitution de 1874 ne parle que du droit d'être "enterré décemment". Mais aujourd'hui, la Suisse est en tête de liste des pays pratiquant l'incinération après le Japon et l'Angleterre. L'incinération est pratiquée soit à la demande du défunt, soit à la demande de ses proches, la volonté du défunt primant sur celle des proches. La communauté religieuse du défunt n'a pas le droit d'intervenir pour interdire une incinération parce que cette dernière ne peut pas être considérée comme indécente.

Normes musulmanes

Le Coran mentionne l'enterrement des morts (M-45/20:55; H-112/5:31). On trouve par ailleurs des récits selon lesquels Mahomet aurait interdit de mettre à mort par le feu. Un récit de Mahomet, vise à démontrer que Dieu est capable de ressusciter l'homme même s'il est incinéré et ses cendres dispersées par le vent. Il ne comporte aucune désapprobation de l'incinération. Dans certains pays arabes, il existe des crématoires pour ceux dont les normes religieuses permettent l'incinération. C'est le cas en Égypte. Certes, l'incinération n'est pas d'usage chez les musulmans, mais le Coran permet un changement dans ce domaine puisqu'il interdit de gaspiller inutilement de l'argent (H-50/17:26) et d'endommager la nature (H-87/2:60). D'ailleurs, certains musulmans recourent déjà à l'incinération en Occident, notamment parmi ceux qui sont mariés à des non-musulmanes.

L'aide-mémoire de la Fondation des cimetières islamiques suisses indique: "L'incinération est absolument interdite".

Signalons ici la concession faite par la ville de Berne qui, en octroyant à la communauté musulmane un carré séparé dans le cimetière public, lui a fait la promesse qu'on ne placera pas à l'avenir dans ce carré de cendres ou d'urnes contenant des cendres. Cela signifie que l'incinération est considérée comme une sépulture indécente et que la commune donne aux responsables de la communauté musulmane la possibilité de contraindre les musulmans à renoncer à l'incinération sous peine d'être interdits d'enterrement dans le carré musulman. Il s'agit là d'une atteinte à la liberté religieuse contraire à la Constitution. On a aussi eu des problèmes avec l'opposition de communautés musulmanes à l'incinération, même lorsque celle-ci est faite à la demande du défunt. Face aux pressions exercées sur elle, la veuve d'un musulman décédé à Lausanne a fini par céder au tribunal, renonçant à ce que la justice se décide sur ce cas. Elle n'a pas voulu se battre autour de la dépouille de son mari. Ce cas a laissé un goût d'amertume parmi plusieurs chrétiens qui ont été ainsi confirmés dans leur idée que les musulmans sont incapables ou refusent de s'intégrer.

Pour conclure la question des cimetières, on peut dire que seul le premier argument (refus d'être enterré près d'un mécréant) pourrait justifier l'octroi d'un cimetière ou d'un carré séparé réservé exclusivement aux musulmans. Mais cet argument pose un problème car il est discriminatoire, et l'État n'a pas à se porter garant de la discrimination. Nous estimons que les autorités fédérales doivent rapidement réhabiliter le projet de 1880 afin de mettre fin à ces pratiques contraires au bon sens et au principe de l'égalité entre les vivants et les morts.

On ne peut à cet égard que s'étonner devant le soutien inconsidéré de la part des Églises catholique et protestante et de la Commission fédérale contre le racisme à la création de cimetières ou de carrés séparés. Si on veut intégrer les musulmans sur sol helvétique, il faut plaider pour leur intégration sous le sol helvétique. Nous estimons que la Déclaration universelle des droits de l'homme doit s'appliquer aussi bien entre les vivants qu'entre les morts.

Chapitre IX
Réponses aux revendications musulmanes

Après avoir comparé les normes suisses et les normes musulmanes, nous verrons dans ce chapitre les réponses des libéraux musulmans et celles attendues des Occidentaux aux revendications des musulmans.

1) Réponses des libéraux musulmans

L'application du droit musulman pose des problèmes aux yeux des libéraux musulmans. Pour y remédier, ils ne se satisfont pas de critiquer certaines normes musulmanes discriminatoires, mais essaient de s'attaquer aux racines de ces normes. Nous donnons ici quelques méthodes préconisées par eux.

A) Couper le Coran en deux

Le Coran, la première source du droit musulman, est composé de 86 chapitres dits mecquois (révélés à la Mecque entre 610 et 622), et 28 chapitres dits médinois (révélés à Médine entre 622 et 632, année de la mort de Mahomet). Ce sont ces derniers chapitres qui comportent les normes juridiques. Certains libéraux musulmans estiment que le véritable islam est représenté dans les chapitres mecquois, alors que les chapitres médinois reflètent un islam politique, conjoncturel. Ils sont d'avis que les chapitres mecquois du Coran abrogent les chapitres médinois. Ce faisant, ils vident le Coran de sa subsistance juridique. Les êtres humains retrouvent ainsi la liberté de légiférer selon leurs intérêts temporels, sans devoir se soumettre aux normes du Coran. Cette théorie a été prônée par le penseur soudanais Muhammad Mahmud Taha, ce qui lui a valu d'être condamné à mort le 18 janvier 1985. C'est pour appuyer cette théorie que nous avons publié une édition arabe et des traductions du Coran en français, en anglais et en italien par ordre chronologique, contrairement aux éditions courantes qui classent les chapitres par ordre de longueur, à quelques exceptions près, ce qui rendent le Coran incompréhensible. Nous estimons que les pays occidentaux doivent interdire sur leurs territoires le Coran dans sa forme confuse actuelle et imposer un Coran par ordre chronologique pour aider les musulmans à évoluer.

B) Se limiter au Coran et rejeter la Sunnah

La Sunnah de Mahomet (tradition de Mahomet) est la deuxième source du droit musulman. Des milieux libéraux estiment qu'ils ne sont tenus que par le Coran, parole de Dieu, rejetant la Sunnah de Mahomet, jugée de fabrication humaine et peu fiable, ayant été réunie dans des recueils rédigés longtemps après la mort de Mahomet. Ce courant (souvent appelé coraniste) cherche par là à limiter la portée du droit musulman. À titre d'exemple, la peine de mort contre l'apostat et la lapidation pour adultère ne sont pas prévues explicitement par le Coran, mais par la Sunnah de Mahomet. Les adeptes de ce courant sont considérés par les autorités religieuses musulmanes comme apostats, et un des leurs, Rashad Khalifa, d'origine égyptienne, a été assassiné aux États-Unis en 1990 à la suite d'une fatwa émise contre lui par l'Académie de jurisprudence islamique.

C) Recourir au critère de l'intérêt

C'est la théorie du philosophe égyptien Zaki Najib Mahmud (d. 1993) selon lequel il ne faut prendre du passé arabe que ce qui est utile dans notre société. L'utilité est le critère tant en ce qui concerne la civilisation arabe qu'en ce qui concerne la civilisation moderne. Pour juger ce qui est utile et ce qui ne l'est pas, il faut recourir à la raison, quelle que soit la source: révélation ou non-révélation. Ce qui suppose le rejet de toute sainteté dont est couvert le passé.

D) Interprétation libérale

Le Professeur Abu-Zayd de l'Université du Caire a tenté une interprétation libérale du Coran. Un groupe fondamentaliste a intenté un procès contre lui pour apostasie. L'affaire est arrivée jusqu'à la Cour de cassation qui confirma sa condamnation le 5 août 1996, et requit la séparation entre lui et sa femme, un apostat ne pouvant pas épouser une musulmane. Le couple a dû s'enfuir de l'Égypte et demander l'asile politique en Hollande par peur de se faire tuer.

E) Mettre les normes musulmanes dans leur contexte historique

C'est la méthode proposée par le juriste et ancien ministre tunisien Muhammad Charfi (d. 2008) pour qui les normes coraniques ne concernent que l'époque dans laquelle elles ont été établies. Elles ne peuvent donc être appliquées en tout temps et en tout lieu. Muhammad Ahmad Khalaf-Allah (d. 1997) va encore plus loin. Selon lui, le Coran, en déclarant que Mahomet est le dernier des prophètes (H-90/33:40), octroie à la raison humaine sa liberté et son indépendance afin qu'elle décide des affaires de cette vie en conformité avec l'intérêt général. Il estime que Dieu nous a accordé le droit de légiférer dans les domaines politiques, administratifs, économiques et sociaux. Les normes que nous établissons deviennent conformes au droit musulman parce qu'elles émanent de nous par procuration de la part de Dieu. Et ces normes peuvent être modifiées en fonction du temps et de l'espace afin qu'elles réalisent l'intérêt général pour une vie meilleure.

F) Qu'en pensent les autorités religieuses?

Les propositions susmentionnées ne sont pas du goût des autorités religieuses musulmanes qui n'hésitent pas à qualifier les adeptes de la laïcité d'athées, de mécréants, de traîtres. Al-Qaradawi, Président du Conseil Européen de la Fatwa et de la Recherche, explique que le chrétien peut bien être laïc tout en restant chrétien puisque la religion chrétienne ne comporte pas de normes juridiques. Ceci n'est pas le cas pour le musulman dont la religion régit aussi bien les domaines spirituels que temporels. Il ajoute:

> Le laïc [musulman] qui refuse le principe de l'application du droit musulman n'a de l'islam que le nom. Il est un apostat sans aucun doute. Il doit être invité à se repentir, en lui exposant, preuves à l'appui, les points dont il doute. S'il ne se repent pas, il est jugé comme apostat, privé de son appartenance à l'islam – ou pour ainsi dire de sa "nationalité musulmane", il est séparé de sa femme et de ses enfants, et on lui applique les normes relatives aux apostats récalcitrants, dans cette vie et après sa mort.

2) Réponses attendues des Occidentaux

A) Reconnaître le problème

Rares sont les penseurs occidentaux informés du débat idéologique au sujet de la conception musulmane de la loi, et ce pour deux raisons. En premier lieu, ils ont oublié les épisodes dramatiques qui ont précédé la présente laïcisation. Ils jouissent des résultats des luttes menées par les générations passées pour séparer l'Église de l'État. Nous devons remarquer que bien que très violente, cette lutte-là est moins tragique que la lutte que la société musulmane doit probablement mener avant d'obtenir une séparation, non pas entre l'État et l'Église (laquelle n'existe pas dans la société musulmane) mais entre l'État et les lois religieuses. Et c'est la deuxième raison de l'inconscience des penseurs occidentaux. Ils n'ont jamais éprouvé une telle situation. Ils ignorent souvent la différence entre l'Évangile d'une part, et le Coran et la Sunnah de Mahomet d'autre part. Ces deux sources du droit musulman sont normatives, contrairement à l'Évangile qui est principalement un texte moraliste. La loi musulmane, d'après la grande majorité des constitutions musulmanes, est une source, voire la source principale de la loi. Séparer l'État des lois religieuses signifie en fait abandonner l'islam, avec ses conséquences fatales.

C'est un dilemme qui nécessite des efforts énormes de rationalisation et une liberté d'expression. Ces deux conditions manquent dans la société musulmane. Et ici la contribution de l'Occident est précieuse. L'Occident a la liberté d'expression (bien qu'incomplète) et a atteint un haut niveau de rationalisation. Les penseurs occidentaux devraient analyser correctement le concept de la révélation et aider les penseurs musulmans à prendre part à une telle analyse. Le but de cette démarche est de créer la précondition pour la naissance d'un Siècle des Lumières dans la société musulmane, pour le bien des musulmans et de l'humanité.

B) Former des spécialistes

On ne peut imaginer un État sans médecin, sans vétérinaire, sans boucher, sans boulanger. De même, on ne peut imaginer qu'un État, dont la communauté musulmane augmente à vue d'œil, puisse ignorer la nécessité de former des spécialistes en droit musulman pour pouvoir comprendre les musulmans et dialoguer avec eux. À titre d'exemple, aucune faculté de droit en Suisse ne donne de cours en droit musulman à ses étudiants. Comment ces juristes pourront-ils alors traiter avec les musulmans sans avoir la moindre notion du droit musulman? En plus de la formation de spécialistes du droit musulman, il faut aussi veiller à la formation des imams en Suisse et à ce que cette formation soit en conformité avec le droit suisse.

C) Dialogue interreligieux courageux

Certains disent que tant qu'on dialogue, on ne fait pas la guerre. Mais le dialogue interreligieux qui n'est pas fondé sur la franchise et le respect des droits de l'homme reste stérile et constitue une perte de temps. Les Églises chrétiennes rendent un mauvais service à leurs adeptes et aux musulmans en adoptant un discours de convenance et en soutenant les revendications des musulmans sans tenir compte des arrière-pensées et des conséquences, comme ce fut le cas en Suisse en matière de cimetières et d'abattage rituel. Les décennies de dialogue interreligieux initié par les Églises avec les musulmans n'ont même pas réussi à mettre un terme à la norme discriminatoire musulmane qui permet aux musulmans d'épouser des femmes non-musulmanes mais interdit le mariage des non-musulmans avec des femmes musulmanes.

Il nous faut dire ici un mot à propos de la Commission fédérale contre le racisme qui adopte des positions inconsidérées. Cette commission ne manque pas de critiquer, à juste titre, toute discrimination dont sont victimes les musulmans. Mais à aucun moment elle n'a relevé les discriminations découlant de normes islamiques ou provoquées par les musulmans en Suisse. Ceci est facilement démontrable à travers ses écrits publiés sur son site. Par cette attitude partiale et peu professionnelle, cette Commission attise la xénophobie à l'égard des musulmans au lieu de la combattre. On ne saurait dire si cette attitude est due à son ignorance de la réalité ou à la manipulation des membres musulmans de cette Commission. Un de ses membres, de religion musulmane, a soutenu la proposition de Christian Giordano pour l'application en Suisse du droit musulman par des tribunaux musulmans. C'est une des raisons pour lesquelles certains groupes politiques demandent sa dissolution pure et simple.

D) Mesures juridiques

Bien que primordiaux, le débat idéologique et la formation de spécialistes peuvent nécessiter beaucoup de temps et d'énergie, et peut-être aussi beaucoup de vies sacrifiées. Entre-temps, les sociétés occidentales doivent se protéger des conséquences de la conception musulmane de la loi sur leurs systèmes démocratiques et leur intégrité territoriale. Elles doivent exiger le respect de leurs lois par les musulmans qui habitent à l'intérieur de leurs frontières et être très prudentes devant toute demande de cette communauté qui enfreint la laïcité. Elles ne devraient pas donner leur nationalité à ceux qui considèrent leurs normes religieuses comme supérieures aux normes de l'État. Certes, on ne peut exiger d'un musulman de manger du porc ou de boire du vin pour pouvoir bénéficier de la naturalisation. Mais on est en droit de lui demander le respect des principes fondamentaux comme la liberté de religion et des normes qui en découlent. Il faudrait donc déterminer les normes islamiques qui entrent en conflit avec les normes occidentales et voir lesquelles de ces dernières doivent être respectées par l'étranger.

Cette rigueur doit être aussi observée en ce qui concerne les demandeurs d'asile politique. La Convention relative aux réfugiés dit à son article 2: "Tout réfugié a, à l'égard du pays où il se trouve, des devoirs qui comportent notamment l'obligation de se conformer aux lois et règlements ainsi qu'aux mesures prises pour le maintien de l'ordre public".

E) Apprendre du cas des juifs en France

Churchill disait: "Un peuple qui oublie son histoire se condamne à la revivre".

Dans leurs rapports avec les musulmans, les pays occidentaux sont aujourd'hui confrontés au même problème qu'a connu la France dans ses rapports avec les juifs, dont le nombre était bien inférieur à celui des musulmans d'aujourd'hui. Il est intéressant de voir comment la France a résolu ce problème.

Dans ce pays, la Déclaration des droits de l'homme et du citoyen du 26 août 1789 affirme: "Tous les citoyens, étant égaux [aux yeux de la loi], sont également admissibles à toutes dignités, places et emplois publics, selon leur capacité et sans autre distinction que celle de leurs vertus et de leurs talents" (article 6); "Nul ne doit être inquiété pour ses opinions, même religieuses, pourvu que leur manifestation ne trouble pas l'ordre public établi par la loi" (article 10).

Par cette prise de position nette, l'État refuse d'étiqueter ses sujets par leurs religions. Ils sont citoyens et c'est cela qui lui importe. On peut dire que la religion est dépolitisée; elle ne doit pas se mêler de la gestion politique de la cité.

Les chefs du Parti patriotique, en bons disciples des philosophes, malgré leur manque de sympathie pour le judaïsme, ont compris que, tant que la religion demeure le critère de distinction, aucune assimilation et aucune régénération des juifs n'est possible. Le Comte de Clermont-Tonnerre lance alors sa fameuse formule: "Il faut tout refuser aux juifs comme nation et tout leur accorder comme individus; il faut qu'ils ne fassent dans l'État ni un corps politique, ni un ordre; il faut qu'ils soient individuellement citoyens".

Le clergé catholique manifesta son opposition contre le changement du statut des juifs. Il était toujours fidèle au vieil anti-judaïsme théologique hérité des Pères de l'Église, et à la thèse de la réprobation' divine et à la malédiction d'Israël.

Napoléon réplique: "Je ne prétends pas dérober à la malédiction dont elle est frappée, cette race qui semble avoir été seule exceptée de la rédemption, mais je voudrais la mettre hors d'état de propager le mal qui ravage l'Alsace, et qu'un juif n'eût pas deux morales différentes, l'une dans ses rapports avec ses frères, l'autre, dans ses rapports avec les chrétiens". Son but était de faire d'une "population d'espions, qui ne sont point attachés au pays" de bons citoyens.

Le 27 septembre 1791, l'Assemblée nationale prit la décision suivante: "L'Assemblée nationale, considérant que les conditions nécessaires pour être citoyen français et pour devenir citoyen actif sont fixées par la Constitution; et que tout homme qui, réunissant les dites conditions, prête le serment civique et s'engage à remplir tous les devoirs que la Constitution impose, a droit à tous les avantages qu'elle assure; révoque tous ajournements, réserves et exceptions insérés dans les précédents décrets relativement aux individus juifs qui prêteront le serment civique, qui sera regardé comme une renonciation à tous privilèges et exceptions introduits précédemment en leur faveur".

L'étape suivante se caractérise par la soumission des juifs aux lois laïques de l'État. "La nation juive, dit Napoléon, est constituée, depuis Moïse, usurière et oppressive [...]. Ce n'est donc pas avec des lois de métaphysique qu'on régénèrera les juifs". Il réunit une assemblée des notables juifs et le grand sanhédrin. Ils avaient à répondre à douze questions. Un défi leur était lancé: "Sa Majesté, leur dit un intermédiaire nommé par Napoléon, veut que vous soyez Français; c'est à vous d'accepter un pareil titre et de songer que ce serait y renoncer que de ne pas vous en rendre dignes". Les questions posées étaient ainsi libellées:

1. Est-il licite aux juifs d'épouser plusieurs femmes?
2. Le divorce est-il permis par la loi juive? Le divorce est-il valable sans qu'il soit prononcé par les tribunaux et en vertu de lois contradictoires à celles du code français?
3. Une juive peut-elle se marier avec un chrétien et une chrétienne avec un juif? Ou la loi veut-elle que les juifs ne se marient qu'entre eux?
4. Aux yeux des juifs, les Français sont-ils des frères ou sont-ils des étrangers?
5. Dans l'un et l'autre cas, quels sont les rapports que leur loi prescrit avec les Français qui ne sont pas de leur religion?
6. Les juifs nés en France et traités par la loi comme citoyens français regardent-ils la France comme leur patrie? Ont-ils l'obligation de la défendre? Sont-ils obligés d'obéir aux lois et de suivre toutes les dispositions du code civil?
7. Qui nomme les rabbins?
8. Quelle juridiction de police exercent les rabbins parmi les juifs? Quelle police judiciaire exercent-ils parmi eux?
9. Ces formes d'élection, cette juridiction de police, sont-elles voulues par leur loi ou seulement consacrées par l'usage?
10. Est-il des professions que la loi des juifs leur défend?
11. La loi des juifs leur défend-elle de faire l'usure à leurs frères?
12. Leur défend-elle ou leur permet-elle de faire l'usure aux étrangers?

Conscients de l'importance de l'enjeu, les juifs assemblés s'empressèrent de répondre que le judaïsme prescrivait de tenir comme loi suprême la loi du prince en matière civile et politique, et qu'eux-mêmes s'étaient toujours fait un devoir de se soumettre aux lois de l'État. La polygamie était abandonnée depuis longtemps et le divorce civil reconnu. La seule question embarrassante était celle des mariages mixtes. Après une vive discussion, ils firent une réponse conciliante mais habile: ces mariages n'étaient pas absolument interdits, mais les rabbins ne seraient pas plus disposés à bénir le mariage d'une chrétienne avec un juif, ou d'une juive avec un chrétien, que les prêtres catholiques ne consentiraient à bénir de pareilles unions.

Annexe
Modèle de contrat de mariage

Ce modèle de contrat de mariage vise surtout les couples mixtes dont un des deux conjoints est musulman, mais il peut aussi être utile pour les couples dont les deux conjoints sont musulmans. Il devrait être rempli séparément par les deux futurs conjoints qui procèdent ensuite à la comparaison de leurs réponses. Le texte final accepté par les deux doit être signé devant un notaire qui en garde un exemplaire. Biffez ou modifiez les passages qui ne conviennent pas.

1) Célébration du mariage

Après mûre réflexion, les soussignés

M............   Né le......................
Nationalité............   Religion..................
État civil (célibataire, divorcé, veuf)

et

Mme............   Née le......................
Nationalité...............   Religion..................
État civil (célibataire, divorcée, veuve)

ont convenu de ce qui suit:

Le mariage a lieu

en Suisse   devant l'état civil de ....
à l'étranger (nom du pays) ....   devant ....

Le mariage civil est suivi d'une cérémonie religieuse
(spécifier la cérémonie) ....

ou

Le mariage civil n'est pas suivi d'une cérémonie religieuse.

Leur domicile commun sera (nommer le pays) ....

La femme garde la nationalité suisse.

Elle garde son nom de famille, (ou) elle adopte le nom de famille de son mari.

2) Liberté religieuse des époux

Chacun des époux entend garder sa religion et s'engage à respecter la liberté de religion et de culte de l'autre, y compris le droit de changer de religion.

Le mari et la femme s'engagent à ne pas imposer l'un à l'autre leurs normes relatives à la nourriture.

3) Fidélité et monogamie

Le mari et la femme se doivent aide et fidélité. Ils attestent qu'ils ne sont pas déjà mariés au moment du mariage. Chacun s'engage à ne pas épouser une autre personne tant que ce mariage est maintenu. En cas de fausse attestation ou de violation de l'engagement mentionné, chacun des deux partenaires acquiert le droit de demander le divorce pour cette raison.

4) Enfants

Le mari et la femme affirment s'être soumis à des examens prénuptiaux et s'être mis au courant des résultats de ces examens.

Les enfants seront de religion ....

Ils seront éduqués dans cette religion. Ils bénéficieront de la liberté religieuse à partir de l'âge de 16 ans, y compris le droit de changer de religion, sans aucune contrainte de la part des parents ou de leurs familles respectives, conformément à l'article 303 alinéa 3 du Code civil suisse.

Les enfants porteront des prénoms européens, chrétiens, musulmans, arabes, neutres. Le choix du prénom sera fait d'entente entre les deux parents (éventuellement indiquer déjà les prénoms).

Les enfants seront baptisés à l'âge de ....

Ils choisiront librement de se faire circoncire ou exciser dès l'âge de 18 ans s'ils le souhaitent.

Les enfants seront scolarisés dans des écoles publiques, musulmanes, chrétiennes, juives.

Les enfants seront inscrits sur le passeport de leur mère.

Le conjoint musulman ne s'opposera pas au mariage de ses filles avec un non-musulman.

5) Rapports économiques

Le mari et la femme contribuent sur une base d'égalité, chacun selon ses moyens, aux dépenses du ménage et à l'éducation des enfants. Ils décident conjointement des affaires du couple.

Le régime matrimonial est soumis au droit suisse. Le mari et la femme optent pour le régime (nommer le régime) ....

6) Normes vestimentaires, travail et voyage

Le mari et la femme s'engagent à ne pas s'imposer mutuellement, ni à leurs enfants, des normes islamiques concernant les vêtements, la vie sociale ou l'éducation scolaire et sportive.

La femme décide elle-même de son travail. Elle n'a pas besoin de l'autorisation du mari pour ses voyages et l'obtention des titres de voyages et d'identité pour elle-même et pour ses enfants.

7) Animaux domestiques

Le mari et la femme acceptent la présence d'animaux domestiques dans la maison conjugal: chien, chat, etc.

Précisez:

8) Dissolution du mariage par le divorce ou le décès

Le mari et la femme s'engagent à régler leurs conflits à l'amiable. Au cas où l'un des deux souhaiterait mettre fin au mariage, il s'engage à le faire devant le juge et à ne pas faire usage de la répudiation.

Si le mari ou les deux conjoints résident dans un pays qui permet au mari de répudier sa femme, le mari reconnaît à sa femme le droit de le répudier aux mêmes conditions que lui.

En cas de divorce, l'attribution des enfants se fera selon la loi suisse et sur décision du juge suisse. Si les enfants sont attribués à la mère, le père s'engage à respecter cette décision et à ne pas les lui retirer, quel que soit leur lieu de résidence. En cas de décès d'un conjoint, les enfants seront attribués au conjoint survivant.

Le partage des biens et les obligations alimentaires entre les époux seront réglés selon le droit suisse, même si le mari ou les deux époux résident dans un pays musulman.

Sauf accord contraire, les biens acquis pendant le mariage par l'un ou l'autre conjoint sont considérés comme propriété commune des deux et seront partagés à égalité.

9) Successions

Le mari et la femme soumettent leurs successions au droit suisse. Ils rejettent toute restriction au droit d'hériter basée sur la religion ou le sexe. Au cas où la succession est ouverte à l'étranger, partiellement ou totalement, et que le juge étranger refuse d'appliquer le droit suisse, chaque conjoint reconnaît d'avance au conjoint survivant le droit au tiers de son héritage net après liquidation du régime matrimonial.

10) Décès et funérailles

Mentionner ici l'accord auquel sont arrivés les deux conjoints concernant les funérailles: enterrement dans un cimetière laïc, enterrement dans un cimetière religieux, transfert du corps dans le pays d'origine, incinération, etc.

11) Modification du présent contrat

Le mari et la femme s'engagent à respecter les clauses de ce contrat de bonne foi. Le présent contrat ne peut être modifié qu'avec le consentement libre des deux conjoints, devant un notaire.

Nom du mari

Sa signature　　　　　　　　lieu et date ....

Nom de sa femme

Sa signature　　　　　　　　lieu et date ....

Nom du 1er témoin et son adresse

Sa signature　　　　　　　　lieu et date ....

Nom du 2ème témoin et son adresse

Sa signature　　　　　　　　lieu et date ....

Nom du notaire et son adresse

Sa signature　　　　　　　　lieu et date ....

P.S.: Au cas où les époux décident de procéder à une cérémonie religieuse musulmane en Suisse après le mariage civil ou de conclure un mariage religieux ou consulaire à l'étranger, il est indispensable de mentionner expressément dans le document établi à la suite de la cérémonie ou du mariage:

- que le contrat de mariage signé devant notaire par les deux conjoints en fait partie intégrante et
- qu'en cas de contradiction entre les deux, ce contrat doit l'emporter sur le document établi par l'autorité religieuse ou consulaire.

www.ingramcontent.com/pod-product-compliance
Lightning Source LLC
Chambersburg PA
CBHW062335220526
45469CB00008B/2723